Siegfried Hetz

Erlebnis Salzburger Land
Tennengau

AF144573

Siegfried Hetz

ERLEBNIS
SALZBURGER LAND

Band 5

TENNENGAU

VERLAG ANTON PUSTET

Impressum

Bibliografische Information der Deutschen Nationalbibliothek
Die Deutsche Nationalbibliothek verzeichnet diese Publikation
in der Deutschen Nationalbibliografie; detaillierte bibliografische
Daten sind im Internet über http://dnb.d-nb.de abrufbar.

© 2013 Verlag Anton Pustet
5020 Salzburg, Bergstraße 12
Sämtliche Rechte vorbehalten.

Unter Mitarbeit von Christian Wieselmayer
Lektorat: Martina Schneider
Satz: Nadine Löbel
Karten: Arge-Kartografie
Druck: Druckerei Theiss, St. Stefan im Lavanttal
Gedruckt in Österreich

ISBN 978-3-7025-0686-5

Alle Routenbeschreibungen wurden von Autor und Verlag nach
gründlicher Recherche und derzeitigem Wissensstand erstellt.
Eine Haftung für die Richtigkeit der Angaben wird nicht übernommen.
Die Verwendung dieses Wanderführers erfolgt ausschließlich
auf eigenes Risiko und auf eigene Gefahr.

www.pustet.at

Bildnachweis

S. 46 – 47: Robert Schichtl; S. 53, 58, 63, 65: TVB Golling; S. 60: Wolfgang Faber;
S. 77, 87, 96: Salzwelten; S. 142, 144: Bernhard Ponemayr;
S. 147: Belvedere, Wien; S. 165: „Tennengau" ; S. 169: DAV Archiv.
Alle weiteren Fotos stammen aus dem Privatbesitz des Autors.

Inhaltsverzeichnis

Das Außergewöhnliche am Tennengau ist der landschaftliche Kontrast zwischen dem lieblichen Salzburger Becken und der schroff bizarren Gebirgswelt der Nördlichen Kalkalpen, deren Reigen mit dem Massiv des Hohen Göll im Nordwesten beginnt und sich auf der linken Salzachseite mit dem Hagengebirge fortsetzt. Auf der gegenüberliegenden Seite erhebt sich das Tennengebirge, von dem sich der Name des Bezirks ableitet. Folgen wir der Lammer, die in diesem Gebirge entspringt und es halbkreisförmig umrundet, flussaufwärts, stehen wir schließlich vor dem imposanten Gosaukamm, der sich als bewährter Wächter an der Grenze zu Oberösterreich präsentiert. Als Antithese zu den Kalkriesen lassen sich die sanften Höhenrücken der Osterhorngruppe, deren Kuppeln und Spitzen durch mächtige Felsbänder charakterisiert sind, erleben. Auf den Gipfeln dieser Kalkvoralpen verläuft die Grenze zwischen Tennengau und Flachgau.

Der Tennengau zählt wie der Flachgau zum „Außergebirg", das in mehrfachem Kontrast zum „Innergebirg" steht, worunter die Bezirke Pinzgau, Pongau und Lungau zu verstehen sind. Die Grenze verläuft südlich des Pass Lueg, und ihr Überschreiten kann beinahe körperlich wahrgenommen werden, insbesondere dann, wenn sich das Gebirge wie so oft in der Rolle als Wetterscheide gefällt. Von Süden kommend ist das Aufatmen deutlich wahrnehmbar, wenn der Salzachdurchbruch zwischen Hagen- und Tennengebirge passiert ist und das Tal sich zum Becken weitet. Von Norden kommend scheint es, als führe man direkt auf eine Felswand zu, was den Atem stocken lässt. Der Salzach scheint es nicht anders zu ergehen, auch sie atmet auf, wenn sie die Wirbel und Strudel in den Salzachöfen hinter sich gelassen hat.

Hallein, die zweitgrößte Stadt des Landes, ist nicht nur wirtschaftliches und kulturelles Zentrum des Tennengaus, sondern auch einer der historisch bedeutsamsten Orte des ehemaligen Fürsterzbistums. Der Salzbergbau am Dürrnberg schuf die wirtschaftliche Grundlage für Aufstieg und Machterhalt der Fürsterzbischöfe. Während das Salzachtal schon in der Römerzeit besiedelt war, kamen die Mönche von St. Peter erst zu Beginn des 12. Jahrhunderts ins Lammertal.

Der Wert einer Wanderung bemisst sich weder nach Länge und Dauer noch nach dem ausgesuchten Ziel. Erfüllung verschafft eine Zweitagestour ebenso wie ein Kulturspaziergang. Auch dieser fünfte Band der Reihe „Erlebnis Salzburger Land" richtet sich an all jene, die Freude an der Bewegung und Lust am Entdecken haben, und für die Wandern mehr als nur Bewegung heißt. Die 45 beschriebenen Touren, Ausflüge und Wanderungen stellen zwar eine subjektive Auswahl dar, eignen sich jedoch bestens, um den Bezirk Hallein, wie der Tennengau als politische Einheit heißt, in seiner charakteristischen Unterschiedlichkeit kennenzulernen oder aus einer neuen Perspektive zu betrachten. Dafür wurde der kleinste unter den fünf Salzburger Gauen in sechs Regionen eingeteilt: das seit der Römerzeit besiedelte rechte Salzachufer zwischen der Stadtgrenze Salzburgs und Golling, das linke Salzachufer von der Königsseeache im Norden bis zu den Ausläufern des Hagengebirges im Süden, die Bezirkshauptstadt Hallein mit Bad Dürrnberg, die Höhenzüge der Osterhorngruppe, das Lammertal von Scheffau bis Annaberg-Lungötz und der Gosaukamm. Für jede dieser Regionen sind Vorschläge zu Halbtagesausflügen, ganztägigen Wanderungen – zu Fuß oder mit dem Fahrrad – beschrieben. Je nach Region gibt es auch Vorschläge für Zweitagestouren mit Übernachtung auf einer Hütte oder Alm.

Ergänzend findet sich am Ende dieses Wanderführers eine Beschreibung der durch den Tennengau führenden großen Wander-, Pilger- und Radwege.

Wer im Tennengau unterwegs ist, hat zumeist auch mit den Bergen zu tun. Und wer in die Berge geht, muss wissen, dass der Berg erst dann als bezwungen gilt, wenn man wieder wohlbehalten im Tal angekommen ist. Deshalb ist es unerlässlich, dass Zeit und Energie optimal aufeinander abgestimmt werden. Überanstrengung ist eine häufige Ursache von Bergunfällen. Wenn Einheimische, insbesondere Hüttenwirte, Ratschläge und Tipps geben oder Warnungen aussprechen, hat das nichts mit Besserwisserei zu tun. Sie zu befolgen, kann im Ernstfall Leben retten.

Neben guter Kondition ist ideales Wanderwetter ein wichtiger Faktor für das gute Gelingen einer Bergtour. Wettereinbrüche sind zwar nicht immer zu vermeiden, aber man kann sich auf sie vorbereiten. Zu einer optimalen Ausrüstung zählen deshalb bergtaugliche Schuhe und ausreichend Schutz gegen Nässe, Schnee und Kälte. Neben Proviant darf auch ein eingeschaltetes Mobiltelefon nicht fehlen. Und wer mit Kindern unterwegs ist, muss doppelt gut vorbereitet sein. Bei Begegnungen mit Nutztieren auf Weiden und Almen funktioniert das Miteinander von Mensch und Tier meistens reibungslos. Wanderer sollten jedoch prinzipiell einen allzu engen Kontakt meiden und insbesondere auf Berührungen verzichten.

Die Anreise zu Wanderungen und Ausflügen, deren Ausgangspunkte entlang der Salzach liegen, kann gut mit der S-Bahn, die zumindest im Stundentakt zwischen Salzburg und Golling-Abtenau verkehrt, erfolgen. Alpine wie Flusslandschaften und andere ausgewiesene Gebiete bedürfen eines besonderen Schutzes. Bleiben Sie deshalb auf den bezeichneten Wegen und befolgen Sie die entsprechenden Vorschriften!

Den Tennengau erleben und entdecken

Der Tennengau lebt vom Unterschied. Anders als in den Gebirgsgauen gibt es im „Land außer Gebirg" kaum nennenswerte Täler, die auf die Salzach zulaufen. Dafür ist vor allem die rechte Salzachseite von Golling bis zur Stadtgrenze durchgehend besiedelt. Mit Hallein kann der Tennengau – obwohl der jüngste unter den fünf Salzburger Bezirken – die zweitgrößte und historisch wegen des Salzes eine der wichtigsten und ältesten Städte des Landes sein Eigen nennen. Täler als prägende Landschaftsgestalter spielen, wie gesagt, im Tennengau kaum eine Rolle. Die große Ausnahme bildet das Lammertal, das das Tennengebirge auf der östlichen Seite halbkreisförmig umrundet. Sind für die rechte Salzachseite Tauglbach und Almbach zu nennen, fallen auf der linken Salzachseite der Torrener Bach bei Golling und an der Grenze zum Flachgau die Königsseeache ins Gewicht. Wo sich die Salzach über Jahrtausende den Weg zwischen Tennen- und Hagengebirge gebahnt hat, präsentiert sie sich mit den Salzachöfen noch einmal *molto furioso*, ehe kurz danach das große *Largo* durch das Salzburger Becken beginnt. Die Dome, Strudel und Schnellen in der bis zu 90 Meter tiefen Schlucht demonstrieren auf eine sehr nachdrückliche Weise Macht und Faszination des Elements Wasser.

Der Tennengau ist mit über 57 000 Einwohnern und einer Gesamtfläche von 668 Quadratkilometern der kleinste unter

den fünf Gauen. Insgesamt ist er in 13 Kommunen (1 Stadt und 12 Gemeinden) aufgeteilt, wovon Abtenau, Golling, Kuchl und Oberalm den Status einer Marktgemeinde haben. Im Norden und Nordosten grenzt der Tennengau an den Flachgau, im Süden an den Pongau, im Westen mit dem Landkreis Berchtesgaden an Bayern und im Südosten, „hinter" dem Gosaukamm an das oberösterreichische Salzkammergut. Mit Ausnahme der Grenze zum Flachgau im Norden sind die übrigen Grenzverläufe durch Höhenrücken und Gebirge definiert. Südlich der Strubklamm bildet der Kamm der Osterhorngruppe zwischen Ochsenberg und Gamsfeld die Ende des 19. Jahrhunderts neu gezogene Grenze zum Flachgau, mit dem der Tennengau bis zur Gründung der Bezirkshauptmannschaft Hallein im Jahr 1896 eine Einheit bildete. Das „Flache Land", wie die nähere und weitere Umgebung der Stadt Salzburg bis zur Namensbildung der Gaue genannt wurde, reichte jedoch nur bis zum nördlichen Lammertal, denn dieses gehörte bis 1805 zum Pongau und stellte die Verbindung des Ennspongaus mit der Stadt Salzburg und deren Umgebung dar. Zwischen Pass Gschütt und der Bischofsmütze ist die Bezirksgrenze mit der Landesgrenze identisch. Die südliche Grenze zum Pongau zieht sich von der Bischofsmütze im Osten über den Gerzkopf und etwas nördlich davon weiter über das Tennengebirge bis zum Pass Lueg. Auf der linken Salzachseite verläuft die Grenze vom Tristkopf über das Hagengebirge bis zur Staatsgrenze und bis zur nördlichen Stadtgrenze von Hallein.

Vermutlich waren es Jäger in der späten Jungsteinzeit, die erstmals auf die Salzlagerstätten im Dürrnberg aufmerksam wurden. „Salzausbisse" nannte man jene Stellen, an denen das salzhaltige Gestein bis zur Oberfläche reichte und auf diesem Weg Mensch und Tier anzog. 2000 Jahre später siedelten sich die Kelten am Dürrnberg an und führten den Salzabbau zu einer ersten großen Blüte. Gleichzeitig schufen sie eines der bedeutendsten Zentren keltischer Kultur auf dem Boden der heutigen Republik Österreich. Zeugnisse dieser beeindruckenden Kulturepoche sind das Keltendorf am Dürrnberg und das direkt an der Salzach gelegene Keltenmuseum, das zu den bedeutendsten Museen seiner Art in Europa zählt. Aufgewertet wurde das Haus 2012 durch die Integration in das Salzburg Museum. Sichtbarer Ausdruck dieser Aufwertung ist die Übersiedlung des Originals der 2500 Jahre alten Schnabelkanne von Salzburg nach Hallein. Das Forschungszentrum Dürrnberg mit Sitz im Keltenmuseum wurde 1985 mit dem Zweck der systematischen Erforschung der Fundstellen und der Bodendenkmalpflege gegründet. Mit der Ablösung der Kelten durch die Römer geriet der Salzabbau in Vergessenheit. Höchstwahrscheinlich bestand vonseiten der Römer deshalb kein Interesse am Halleiner Salz, weil diese durch das Meersalz eine günstigere Bezugsquelle hatten. Dafür erkannten die Salzburger Bischöfe ab dem 9. Jahrhundert die „Gnade" dieses kostbaren Bodenschatzes und machten Hallein im 13. Jahrhundert zur führenden Saline Mitteleuropas. Die unmittelbare Lage an der Salzach brachte einen unschätzbaren Standortvorteil gegenüber Bad Reichenhall mit sich. Im Gegensatz zu Hallein konnte dort das Salz nicht direkt auf den Fluss verladen werden, weil die Saalach nicht schiffbar war. Dem mächtigen Fürsterzbischof Eberhard II. von Regensburg gelang es durch kluge Unternehmenspolitik, die bairische und habsburgische Konkurrenz zumindest zeitweise in Schach zu halten. Halleins Ruf als Industriestadt wurde in der zweiten Hälfte des 19. Jahrhunderts begründet, als es darum ging, die einseitige Ausrichtung auf Salzgewinnung und -verarbeitung durch Ansiedlung weiterer Industriezweige zu kompensieren. Damals wurden ein Zementwerk sowie eine Papier- und Zigarrenfabrik gegründet. Auch die Erweiterung der Brauerei Kaltenhausen fällt in diese Zeit. Mit der Schließung der Saline ging 1989 eine mehr als 2500-jährige Geschichte zu Ende. Der Zuzug von „Gastarbeitern" ab den 1960er-Jahren hat Hallein zu einer – auf die Bevölkerungsstruktur bezogen – sehr bunten Stadt gemacht, die auf dem besten Weg ist, ihr Image einer Industriestadt gegen das eines Kulturzentrums einzutauschen.

1896, als der Tennengau als eigenständiger Bezirk entstand und Hallein zur Bezirkshauptstadt gekürt wurde, lebten knapp 20 000 Menschen in der Region, davon allein etwa 7500 in der neuen Bezirkshauptstadt. Gemeinsam mit dem Flachgau hatte die Bezirkshauptmannschaft für den seinerzeitigen Salzburggau über 60 000 Einwohner zu verwalten. Im Vergleich dazu hatte die Stadt Salzburg im selben Zeitraum etwa 38 500 Einwohner. Hallein zur Bezirkshauptmannschaft des neuen Tennengaus zu machen und die Verwaltungseinheit aufzuteilen, war dementsprechend eine durchaus weitsichtige Entscheidung. Heute leben im Tennengau über 57 000, im Flachgau fast 142 500 und in der Stadt Salzburg 148 500 Menschen. Die Einwohnerzahlen haben sich im Zeitraum von etwas über 110 Jahren mehr als verdreifacht.

Wenn vom Tennengau die Rede ist, bedarf es keiner Überlegung, was damit gemeint sein könnte. Fragt man jedoch nach der Grenzziehung, kommt schon die eine oder andere Verlegenheit auf. Vor allem, wenn es um die Grenze zwischen dem Tennengau und dem Flachgau geht, die sich in südöstlicher Richtung von der Strubklamm bis fast zum Pass Gschütt erstreckt. Auch in Bezug auf das Lammertal kann etwas Verwirrung herrschen, dies vor allem dann, wenn die Frage dem Pongauer Anteil am Lammertal gilt. Noch verwirrender wird es, weist man darauf hin, dass das nördliche Lammertal insgesamt bis ins Jahr 1805 zum Pongau gehörte.

Auf römischen Abwegen

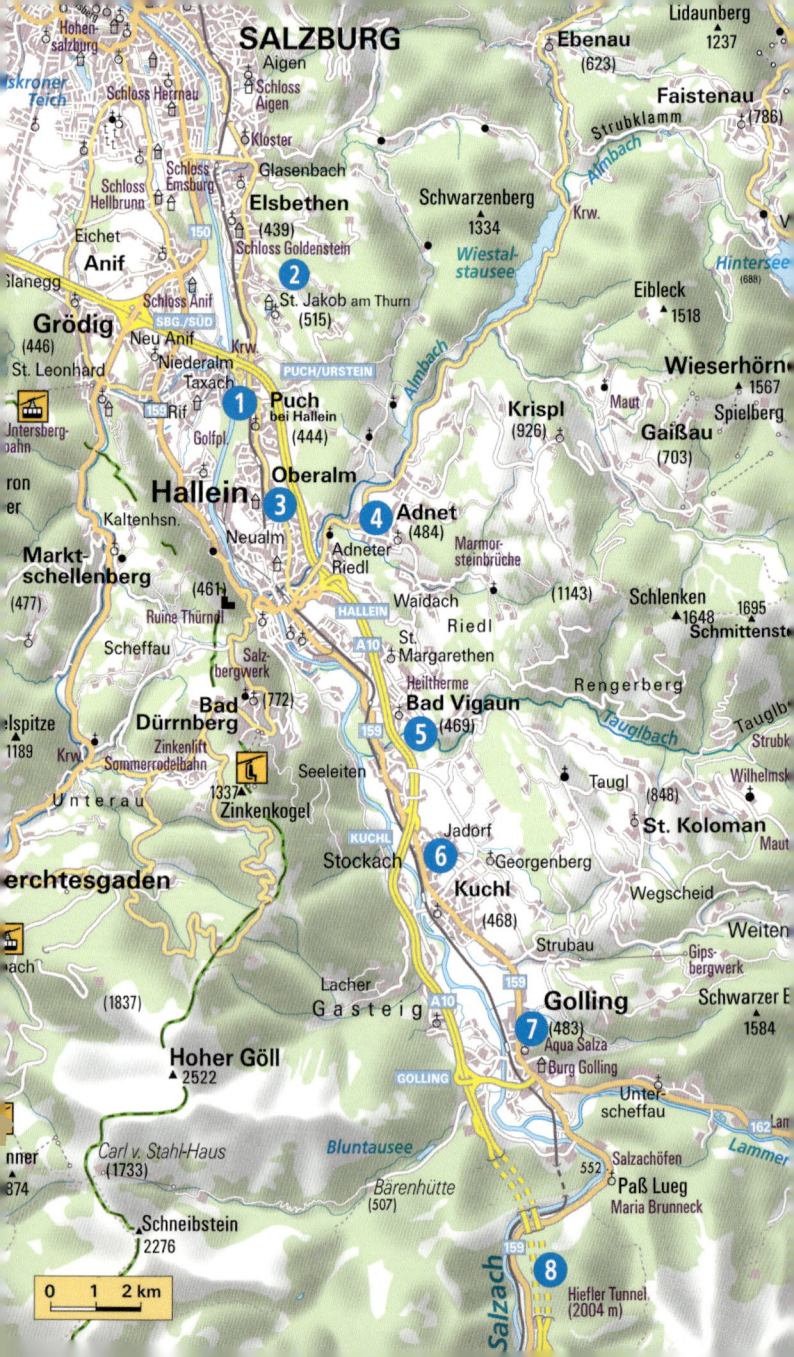

Zwischen St. Jakob und Pass Lueg

Als die Römer ihr Straßen- und Wegenetz auch auf die Provinz Noricum ausdehnten, hatte dies nachhaltige Auswirkungen auf die zukünftigen Siedlungsformen. Durch ihr imperiales Selbstverständnis wurde die bisherige „Siedlungspolitik" auf den Kopf gestellt. Nicht mehr der Schutz von Hügeln und Erhöhungen war gefragt, sondern eine möglichst gute Erreichbarkeit. Verkürzt dargestellt hat dies auch zur dichten Besiedlung des südlichen Salzburger Beckens durch die Römer geführt, die der rechten Salzachseite mit dem breiten Talstreifen und den sanft ansteigenden Erhebungen zu den Bergen der Osterhorngruppe hin eindeutig den Vorzug gaben. Die heutige Marktgemeinde Kuchl, 20 Kilometer südlich der Stadt Salzburg gelegen, ist sogar in der *Tabula Peutingeriana*, jener schematischen Darstellung des römischen Straßen- und

19

Wegenetzes aus dem 5. nachchristlichen Jahrhundert, eingezeichnet. Die Strecke von 20 Kilometern entsprach in etwa
einer Tagesetappe. Nach dem Auflösen des Römischen Reiches
setzten die eindringenden Bajuwaren von Norden und die Sla-
wen von Süden diese Siedlungspolitik fort und schufen damit
die Grundlagen für die heutigen Dörfer und Märkte zwischen
dem Süden der Stadt Salzburg und dem Pass Lueg.

Die in diesem Kapitel beschriebenen Ausflüge und Wande-
rungen haben deshalb auch einen verstärkten kulturhistorischen Charakter. Nur die Tour Nr. 8 zwischen dem Gasthof
Stegenwald, dem Geburtsort des Salzburger Freiheitskämpfers
Joseph Struber, und dem Pass Lueg führt in alpine Höhenlagen.
Ansonsten leben die beschriebenen Wege und Wanderungen
von der unvergleichlich milden und sanften Landschaft des
südlichen Salzburger Beckens und seiner Ränder. St. Jakob am
Thurn ist mit dem idyllisch gelegenen Weiher, der ehemaligen
Wallfahrtskirche und dem Wohnturm aus dem Mittelalter der
ideale Auftakt. Wie kaum ein anderer Ort des Tennengaus ver-
körpert er den Kontrast zwischen Idylle und schroffer, abwei-
sender Landschaft, wie sie bei den Salzachöfen zu finden ist.
Mit dem Thingtisch in Oberalm, den Marmorbrüchen in Adnet,
der Römerbrücke in Bad Vigaun und dem Georgenberg in
Kuchl werden einzigartige Sehenswürdigkeiten beschrieben,
die mit dazu beitragen, dem Tennengau ein unverwechsel-
bares Profil zu geben.

Das Gesicht des Pass Lueg bleibt seit der Eröffnung der Tauernautobahn wie hinter einem Schleier verhüllt und seine
historische Bedeutung hat mit dem Struber-Denkmal seine
Erfüllung gefunden. Er bildet gemeinsam mit den Salzachöfen immer noch die markante Grenze zwischen dem Innen
und dem Außen: zwischen dem Innergebirg, das südlich des
Salzachdurchbruchs von Tennengebirge und Hagengebirge
mit dem Pongau beginnt und sich mit dem Pinzgau nach Süd-
westen und dem Lungau nach Südosten fortsetzt, und dem
Außergebirg, zu dem auch der Tennengau zählt und mit ihm

der Flachgau sowie die Stadt Salzburg. Vor dem steinernen Vorhang – von Norden kommend – des Pass Lueg liegt die Marktgemeinde Golling mit der Burg, dem Sitz des einstigen Pflegschaftsgerichts, im Mittelpunkt und einem Marktplatz, der auf zwei Seiten von ebenso stattlichen wie stolzen Bürger-häusern gesäumt ist.

Rund um St. Jakob am Thurn

Schöner als gemalt

- **Tourcharakter:** Halbtagesausflug
- **Ausgangs- und Endpunkt:** S-Bahn-Haltestelle Puch-Urstein
- **Weglänge:** 8 km
- **Gesamtdauer:** 2,5 h
- **Höhenunterschied:** 200 hm
- **Besonderheit:** Begegnungen mit Kunst

St. Jakob am Thurn ist eine kleine zu Puch gehörende Ortschaft, die sich gut 50 Meter über dem Salzachtal versteckt. Wer sie gemeinsam mit Menschen besucht, die in Ballungsräumen zu Hause sind, wird nicht nur einmal beweisen müssen, dass es sich dabei um keine große Leinwand handelt, auf die eine Idylle aufgetragen ist, die wiederum den Hintergrund für ein Freilufttheater bildet. Es ist alles echt, auch der exzellente Blick in die Stadt Salzburg, der sich eröffnet, geht man nur ein paar Schritte in östlicher Richtung bergwärts. Dabei kommt man an Wohnhäusern vorbei, die die Frage provozieren, ob die Bewohner so viel Harmonie und Idylle überhaupt vertragen können, ohne zuckerkrank zu werden. Sie können es, und sie genießen es, und sie werden darum beneidet. Als die Salzburger zu Beginn der 1970er-Jahre begannen, größere Häuser am Stadtrand zu bauen, war St. Jakob mehr als eine Geheimadresse.

Das heutige Ensemble mit Weiher, kleiner Wallfahrtskirche, Pfarrhaus und mittelalterlichem Turm ist der historische Kern, der erst zu wirken begann, nachdem zu Beginn des 20. Jahrhunderts das Sumpfgebiet ausgebaggert wurde und der kleine Weiher entstand, der auf einem Weg umrundet werden kann. Seit 2005 hat die von Daniell Porsche gegründete Paracelsusschule, in der nach den Prinzipien der Waldorf-Pädagogik unterrichtet wird und zu der auch ein Bauernhof gehört, ihren Sitz in St. Jakob.

Als Ausgangspunkt für unsere Wanderung nach St. Jakob wählen wir die S-Bahn-Haltestelle Puch-Urstein, gehen dann neben der Bahnstrecke ein kurzes Stück nach Süden, überqueren beim Kreisverkehr die Bundesstraße und halten uns in nordöstlicher Richtung, bis wir die Autobahnunterführung passiert haben. Anschließend biegen wir links ab und kommen dabei auf den Weg Nr. 10, der auch als Rosenkranzweg bekannt ist. Fünf Granitsäulen, die auf der Strecke bis zur Kirche in St. Jakob aufgestellt sind, verweisen auf die „Fünf Geheimnisse des Freudenreichen Rosenkranzes" und sind mit auf Blech gemalten Motiven von Elisabeth Traxl, einer Künstlerin aus der Nähe von Freistadt im Mühlviertel, verziert. Dieses Wegstück nimmt eine knappe Stunde in Anspruch. Nach der Umrundung des Sees empfiehlt sich eine Einkehr im Gasthaus „Der Schützenwirt". Der Rückweg entspricht dem Hinweg.

 Das unmittelbar am Dorfteich gelegene Gasthaus „Der Schützenwirt" heißt alle Wanderer herzlich willkommen und ist ein Ort der Inspiration und Ruhe. Weil hier mit Respekt gegenüber der Natur gearbeitet wird, werden alle Gerichte frisch aus kontrolliert biologischen Produkten zubereitet. Montag bis Mittwoch Ruhetag, Donnerstag bis Sonntag 12 bis 23 Uhr. Durchgehend warme Küche.

Der Schützenwirt, Dorf 96, 5412 St. Jakob am Thurn
Tel. 0662/63 20 20-20, info@gasthaus-schuetzenwirt.at
www.gasthaus-schuetzenwirt.at

Zu den Egelseen über St. Jakob

Verwunschene Landschaft am Stadtrand

- **Tourcharakter:** Halbtagsausflug
- **Ausgangs- und Endpunkt:** Parkplatz Vollererhof, St. Jakob
- **Weglänge:** 8 km
- **Gesamtdauer:** 2,5 h
- **Besonderheit:** Sehr abwechslungsreiche Wanderung

Der Blutegel ist alles andere als ein Sympathieträger. Aber wer schafft es schon, gleichzeitig Blutsauger und sympathisch zu sein? Umso bedeutender ist er jedoch für die Medizin. Der *Hirudo medicinalis*, wie er mit lateinischem Namen heißt, ist bevorzugt in kleinen Seen und ruhenden Gewässern zu Hause, von denen viele nach ihm benannt sind. Der Aderlass gilt als eine der ältesten medizinischen Behandlungsformen und wurde bis ins 19. Jahrhundert praktiziert. Bei dieser *Missio sanguinis* kam der Blutegel zum Einsatz, darum war es gut zu wissen, in welchen Gewässern er zu finden ist. Kommt der Blutegel mit Haut in Berührung, saugt er sich blitzschnell fest und fräst die Haut mit seinen drei Kiefern auf. Dabei arbeitet er sehr schnell. Um sich bis auf das Fünffache seines Körpervolumens volllaufen zu lassen, benötigt er eine knappe Stunde und hat damit Nahrung für ein ganzes Jahr gebunkert. Während seiner Saugarbeit sondert der Egel einen gerinnungshemmenden Stoff, das sogenannte Hirudin, ab. Hirudin wird aktuell zur Verhütung von Blutgerinnseln nach Operationen zum Ersatz von Hüft- oder Kniegelenken eingesetzt und findet äußerlich als Salbe oder Gelee Anwendung zur Behandlung von oberflächlichen Thrombosen und Blutergüssen. Blutegel stehen in vielen Ländern Europas unter Naturschutz und es ist verboten, sie ohne Bewilligung zu sammeln.

„Egelseen" liegen meist inmitten von Moor- und Sumpflandschaften, weil sich die Blutegel in schlammigen Stillgewässern mit viel Wasserpflanzen am wohlsten fühlen. Auch die Egelseen über St. Jakob am Thurn machen da keine Ausnahme. Der besondere Reiz dieser Landschaften ist die Ruhe, die sie ausstrahlen, und eine weitgehende Unversehrtheit, da in diese Zwischenwelten – halb Erde, halb Wasser – kaum eingegriffen wurde. Ideale Voraussetzungen für erholsame Spaziergänge.

Wir starten beim Parkplatz des Vollererhofs und spazieren zwischen Hotel und Wildgehege in nordöstlicher Richtung. Dabei orientieren wir uns am Hinweisschild „Hubertuskapelle". Zuerst geht es über einen Schotterweg durch den Wald, nach der Hubertuskapelle führt der Weg über eine Wiese, wobei wir die Schönalm rechts liegen lassen und die Wiese diagonal durchqueren. Anschließend wandern wir anfangs über Stege durch den Wald bergab, was nach einem Regen etwas mühsam sein kann. Aber nach 20 Minuten stehen wir unvermittelt auf einer Asphaltstraße. Hier halten wir uns links – Wegweiser gibt es keine – und folgen der Straße bis zum letzten Bauernhof auf der linken Seite. Auf einem Forstweg stoßen wir in nördlicher Richtung auf den Rundweg um die Egelseen, von denen je nach Jahreszeit aber nicht viel zu sehen ist. Dafür befinden wir uns knapp nach der Stadtgrenze in einer verwunschen wirkenden Landschaft aus Mischwald, Wiesen und moorigem Gelände. Auf der östlichen Seite der Seen geht es dann über eine Abzweigung zum Parkplatz des Vollererhofs zurück.

Natur und Technik Hand in Hand

- **Tourcharakter:** Halbtagestour
- **Ausgangs- und Endpunkt:** S-Bahn-Haltestelle Oberalm
- **Weglänge:** 13 km
- **Gesamtdauer:** 3,5 h
- **Höhenunterschied:** 250 hm
- **Besonderheit:** Abwechslungsreiche Fluss- und Berglandschaft

Das Wiestal ist ab der Ortschaft Hammer, wo der Almbach auf das Salzachtal trifft, mit Ausnahme von einigen Bauernhöfen eine für den Tennengau eher dünn besiedelte Gegend und deshalb ideal für eine Wanderung, die von Oberalm über den Almerberg bis zum Almbachsee führt. Heute ist das Tal vor allem durch den Wiestalstausee geprägt, der vom Almbach gespeist wird. Dieser wiederum ist der Abfluss des Hintersees, der über die Strubklamm den Tennengau erreicht und nach insgesamt 15 Kilometern bei Hallein in die Salzach mündet. Der Almbach ist, wenn man so will, ein sehr fleißiger oder besser gesagt sehr energieeffizienter Bach, denn es ist hauptsächlich sein Wasser, dass das Kraftwerk Wiestal III „füttert". Damit werden insgesamt über 27 000 Haushalte mit jährlich knapp 100 Millionen Kilowattstunden Strom versorgt. Aber nicht nur das, mit dem Mörtelbach und einigen anderen Zuflüssen speist er zusätzlich noch sechs Kleinkraftwerke. Trotz dieser Energieausbeute ist das Wiestal und vor allem der See ein sehr beliebtes Naherholungsgebiet für die Tennengauer und Stadt-Salzburger. Baden und Fischen halten sich dabei etwa die Waage. Hierbei ist anzumerken, dass es sich beim Wiestalstausee um das größte Salmonidengewässer im Land Salzburg handelt, und das bedeutet, dass es eines der am geringsten belasteten Gewässer ist, in dem sich Zander, Saiblinge, Forellen und Äschen wohlfühlen.

Der Ausgangspunkt für die Halbtagestour zum Almbachsee, der als Ausgleichsbecken für den oberen Wiestalstausee angelegt wurde, beginnt bei der S-Bahn-Haltestelle Oberalm und führt von dort in östlicher Richtung bis zur Kreuzung mit der Bundesstraße 159. Nach der Unterquerung gehen wir in nordöstlicher Richtung weiter und kommen nach wenigen Metern am historischen Schrannentisch vorbei, an dem im Mittelalter einmal jährlich Recht gesprochen wurde. Weiter geht es unter der Autobahn hindurch, und anschließend führt der schönste Teil des Weges durch einen schattigen Mischwald, bis wir den Almerberg auf 725 Metern erreichen. Weil es so schön ist, wandern wir bis zum Eberstein weiter und biegen dann beim Trattenbauern rechts ab, um uns in südöstlicher Richtung über das Edelgut talwärts zu wenden. An der Kreuzung beim Rauscher Kreuz orientieren wir uns rechts und kommen in südwestlicher Richtung zum Gasthof Bischof, wo wir uns eine Jause verdient haben und die Aussicht genießen. Nach der Stärkung kommen wir über die Wiestalkapelle wieder zum Wald zurück. Nach dem ersten Drittel des Weges durch den Wald stoßen wir auf den Weg Nr. 15, den wir schon vom Aufstieg kennen und der uns wieder zu unserem Ausgangspunkt zurückbringt.

Der Bischofwirt im Wiestal ist der ideale Ort, um nach einer Wanderung einzukehren. Die Sonnenterrasse lädt zum Entspannen ein und bietet zugleich einen fantastischen Blick auf das Tal und in die Berge der Osterhorngruppe. Das kulinarische Angebot der regionalen Küche ist saisonal ausgerichtet und wird liebevoll zubereitet. Täglich außer Dienstag von 10 bis 24 Uhr geöffnet.

Gasthaus Bischof, Wiestalstraße 54, 5411 Oberalm
Tel. 06245/87 56 2

Marmordorf Adnet

Zwischen Steinbruch und Museum

- **Tourcharakter:** Halbtagesausflug
- **Ausgangs- und Endpunkt:** Marmormuseum Adnet
- **Weglänge:** 6 km
- **Gesamtdauer:** 2,5 h
- **Besonderheit:** Informativ und lehrreich

Marmor ist der Stein fürs Schöne und Erhabene ebenso wie für Prunk und Protz. Wie gut sich dieser Stein für die Gestaltung von Skulpturen und Reliefs eignet, haben schon die alten Griechen herausgefunden und die Römer haben es, wie viele andere Dinge, nachgemacht. Sie waren es auch, die den heimischen Marmor in Adnet wie auch den im Untersberg entdeckten und erstmals bearbeiteten. Eigentlich handelt es sich dabei gar nicht um echten Marmor, sondern nur um einen Kalkstein, der dem Marmor in der Oberflächenstruktur ähnelt. In der kulturgeschichtlichen Beschreibung ist aber auch hier von Marmor die Rede. Marmor entsteht durch Umwandlung von Kalkstein und anderen karbonhaltigen Gesteinen durch Hitze und Druck im Erdinneren und wird deshalb als metamorphes Gestein beschrieben.

Die rötliche Farbe des in Adnet hauptsächlich gewonnenen Steins ist auf den hohen Hämatitgehalt zurückzuführen. Der Hämatit, auch Eisenstein genannt, ist ein häufig vorkommendes Mineral und die am meisten verbreitete natürlich auftretende Modifikation des Eisenoxids. Wohl wegen der größeren Bekanntheit des Untersbergs wird der Adneter Marmor auch heute noch häufig mit dem Untersberger verwechselt. Im Gegensatz zum meist rötlich schimmernden Adneter ist der Untersberger Marmor zumeist hellbeige bis rosa-rötlich oder auch lichtgelb. Bekannte Salzburger Bauwerke aus Untersberger Marmor sind die Hauptfassade des Doms sowie die „Hochzeitsstiege" mit den Raphael-Donner-Figuren im Schloss Mirabell. Die Pestsäule am Graben in Wien ist ebenso aus Untersberg-Marmor wie der Sarkophag des ersten deutschen Reichskanzlers Fürst Bismarck, der im Mausoleum neben Schloss Friedrichsruh im Sachsenwald bei Hamburg steht. Bekannte Beispiele aus Adneter Marmor in Salzburg sind neben der Adneter Kirche die Eingangsportale zum Hohen Stock auf der Festung Hohensalzburg sowie Grab und Denkmal des heiligen Vitalis in der Stiftskirche St. Peter. In Wien prägen 24 Säulen aus rot-grauem Schnöllmarmor, benannt nach dem Eigentümer des Steinbruchs, die Säulenhalle des österreichischen Parlaments, und das von Niclas Gerhaert van Leyden für Kaiser Friedrich III. geschaffene Hochgrab im Wiener Stephansdom zählt zu den bedeutendsten plastischen Kunstwerken des Spätmittelalters. Neben van Leyden haben auch Veit Stoß (1447–1533) und Tilman Riemenschneider (1460–1531)

– beides bedeutende Bildhauer am Übergang von der Spät-
gotik zur Renaissance – bevorzugt mit dem Adneter Stein
gearbeitet.

Wir beginnen mit der Wanderung durch die Adneter Steinbrüche beim Museum, das 1992 gegründet und 2010 neu
organisiert wurde. Neben der Dokumentation von Entstehung, Abbau, Bearbeitung und Transport von Marmor werden auch archäologische Fundstücke und Werkzeuge aus
unterschiedlichen Epochen gezeigt. Vom Museum wandern
wir in südwestlicher Richtung, rechts an der Kirche vorbei, etwas abschüssig dorfauswärts, bis wir auf der linken Seite zu
einer Abzweigung kommen. Anschließend gehen wir auf einem asphaltierten Weg wieder bergauf. Damit befinden wir
uns bereits auf dem Adneter Marmorweg, der als Wanderweg
Nr. 51 ausgezeichnet ist. Entlang dieses Weges kommen wir an
einer Reihe von Steinbrüchen vorbei, und auf 15 Schautafeln
werden wir über die Geschichte, den Abbau und die Verwendung des Adneter Marmors informiert. Nach etwa eineinhalb
Stunden verlassen wir den Wald und kehren zuerst in nördlicher und anschließend in westlicher Richtung wieder auf den
Dorfplatz zurück, nicht ohne jedoch vorher im Gasthof „Zum
Steinbruch" einzukehren und vielleicht gleich eine Kutschen-
fahrt durch die Steinbrüche zu buchen.

Der familiär geführte Gasthof liegt nur einen Katzen-
sprung vom Marmormuseum entfernt. Der sonnige
Wintergarten und das gemütliche Stüberl eignen sich
zum Ausspannen nach der Rückkehr vom Adneter Marmorweg. Im Haus ist ein Steinkeller mit Ammoniteneinschlüssen
zu besichtigen. Das kulinarische Angebot ist regional ausgerichtet und wird frisch zubereitet. Zimmer zum Übernachten.
Sonntag ab 14 Uhr geschlossen, Mittwoch Ruhetag.

Gasthof zum Steinbruch, Priesterwirt, Nr. 46, 5421 Adnet
Tel. 06245/80 92 3, priesterwirt@sbg.at

Der Taugl entlang

Zu Salzburgs ältester Brücke

- **Tourcharakter:** Halbtagesausflug
- **Ausgangs- und Endpunkt:** S-Bahn-Haltestelle Bad Vigaun
- **Weglänge:** 10 km
- **Gesamtdauer:** 3 h
- **Höhenunterschied:** 100 hm
- **Besonderheit:** Naturbadeplatz im Europaschutzgebiet

Nicht überall, wo „Römerbrücke" draufsteht, handelt es sich auch um eine. Das gilt auch für die sogenannte Römerbrücke beim Tauglfall in Bad Vigaun. Die 1613 errichtete Brücke gilt zwar als die älteste des Landes, aber mit den Römern hat sie nichts zu tun. Selbst wenn man in Rechnung stellt, dass die vor 400 Jahren gebaute steinerne Brücke einen Vorgängerbau aus Holz abgelöst hat, bleibt die Bezeichnung irreführend. Die tatsächlich in der Römerzeit errichtete Brücke über die Taugl stand höchstwahrscheinlich ein Stück bachabwärts und damit auch an einer flacheren Stelle.

Dass der Tauglfall wieder rauscht, wie es sich für einen Wasserfall seiner Art und Größe gehört, verdankt er den Renovierungsarbeiten an der Brücke. Weil auch ein Wasserfall ohne Krone kein König ist, musste mit dem Bagger etwas nachgeholfen und das repariert werden, woran der Zahn der Zeit nagte, namentlich an der Krone. Das ist die Gesteinslage, auf die das Wasser zurinnt, um dann im Weiteren über sie in die Tiefe zu stürzen. Auswaschungen und Unterhöhlungen können zu Einstürzen und damit zu Veränderungen an der Krone führen.

Der Ausgangspunkt dieser Wanderung liegt bei der S-Bahn-Haltestelle Bad Vigaun, von der wir in südlicher Richtung bis Tauglmauth wandern. Zuerst geht es durch die Au, wo wir an einem Kinderspielplatz vorbeikommen und anschließend entlang eines Fitnessparcours wandern. Der weitere Weg verläuft durch das ausgewiesene Europaschutzgebiet Tauglgries, in dem selten gewordene und geschützte Vogelarten wie der Flussuferläufer und der Flussregenläufer sichere Brut- und Nistplätze haben. Deshalb sind manche Stellen während der Brutzeiten auch Sperrzonen für Wanderer und Badegäste. Neben den seltenen Kiesbachbrütern kommen hier mindestens ebenso seltene Spinnen- und Insektenarten wie der Kiesbankgrashüpfer und die Blauflügelige Ödlandschrecke vor. Nach aktuellen Erkenntnissen handelt es sich hier um das letzte Vorkommen dieser Insekten im Land Salzburg. Im Tauglgries werden aufgrund der geringen Fließgeschwindigkeit große

Mengen an Schotter und Kies abgelagert. Hier wird das Flussbett bis zu 100 Meter breit. Nach dem Badeplatz geht es ein kurzes Stück deutlich bergauf, ehe wir die Römerbrücke und auf der anderen Straßenseite den Wasserfall der Taugl erreichen. Anschließend wandern wir von der Römerbrücke ein kurzes Stück auf der Straße in nordwestlicher Richtung, um dann rechter Hand in den Vogellehrpfad einzubiegen. Auf diesem kehren wir über die Heiltherme zum Ausgangspunkt zurück und freuen uns bereits auf die ausgezeichnete Küche im Gasthof Neuwirt.

Der Neuwirt ist ein typischer Salzburger Landgasthof, in dem Tradition und österreichische Wirtshauskultur groß geschrieben werden. Entsprechend gemütlich ist das Ambiente, das mit viel Liebe zum Detail gestaltet ist. Im Mittelpunkt des kulinarischen Angebots des Genusswirtes steht die österreichische Küche. Besonders beliebt sind die Klassiker der Seniorchefin wie Backhendl, Tafelspitz und Zwiebelrostbraten. Dienstag bis Sonntag von 7 bis 24 Uhr geöffnet.

Landgasthof-Hotel Neuwirt, Am Dorfplatz 10
5424 Bad Vigaun, Tel. 06245/83 43 4
office@neuwirt-vigaun.at, www.neuwirt-badvigaun.at

6

Rund um den Georgenberg

Uralter Siedlungsboden

- **Tourcharakter:** Halbtagesausflug
- **Ausgangs- und Endpunkt:** S-Bahn-Haltstelle Kuchl
- **Weglänge:** 6 km
- **Gesamtdauer:** 2 h
- **Höhenunterschied:** 50 hm
- **Besonderheit:** Spätgotische Wallfahrtskirche

Die 20 Kilometer südlich der Stadt Salzburg gelegene Marktgemeinde Kuchl ist nach Hallein die zweitgrößte Gemeinde des Tennengaus. Selbstverständlich ist sie in allen Straßenkarten eingezeichnet und wird, zusätzlich als „Holzort" apostrophiert, überall angeführt. Was Kuchl allen anderen Orten im Tennengau voraushat, ist jedoch ein Eintrag im *Codex Vindobonensis 324*, auch bekannt als *Tabula Peutingeriana*, eine schematische Darstellung des römischen Straßen- und Wegenetzes. Benannt ist die Karte nach Konrad Peutinger, einem Augsburger Juristen und Antiquar, der sie von seinem Freund Conrad Celtis (auch Konrad Bickel), einem Dichter und Humanisten, erhielt. Nachdem sie einige Zeit als verschollen galt, gelangte sie 1715 in den Besitz des Prinzen Eugen von Savoyen. Dessen Bibliothek wurde wiederum von Kaiser Karl VI. erworben und der Kaiserlichen Hofbibliothek einverleibt. Heute wird die knapp 7 Meter lange und 34 Zentimeter breite Karte in 11 Segmente zerteilt in der Österreichischen Nationalbibliothek aufbewahrt. In der mittelalterlichen Kopie der spätrömischen Straßenkarte ist Kuchl als römische Siedlung Cucullis angeführt.

Cucullis hat sich nicht von ungefähr am Fuß des Georgenberges ausgebreitet, gilt diese Region doch als eines der ältesten Siedlungsgebiete des heutigen Tennengaus. Funde von Werkzeugen und anderen Gebrauchsgegenständen unterstützen die These, dass der etwa einen Kilometer lange Höhenrücken bereits von der Jungsteinzeit an besiedelt war, und zwar kontinuierlich bis in die Zeit, als aus der Region die Provinz Noricum wurde. Heute steht auf dem 50 Meter hohen interglazialen Konglomeratfelsen, der als Ablagerung der vorletzten Zwischeneiszeit gilt, eine dem heiligen Georg geweihte Kirche.

Wir starten mit unserer Wanderung rund um den Georgenberg beim Bahnhof in Kuchl, gehen von dort ein Stück in südlicher Richtung und danach durch die Kindergartenstraße, von der wir in die Marktstraße einbiegen. Rechter Hand liegen Kirche und Friedhof. Über die Marktstraße erreichen wir in östlicher Richtung die Bundesstraße, überqueren diese und spazieren durch Raiffeisenstraße und Leisenweg auf den Georgenberg zu. Nach einem Reitstall halten wir uns rechts, umrunden die Südspitze und biegen nach ein paar Hundert Metern links in den Weg auf den Berg ein. Ab hier geht es durch den Wald auf das Plateau des Georgenbergs hinauf, bis wir schließlich bei der Kirche oben ankommen. Während der Sommermonate wird jeden Donnerstagabend eine „Wettermesse" gefeiert. Nach dem Verlassen des Plateaus nehmen wir denselben Weg hinunter, biegen dann, wieder auf dem Rundweg angekommen, aber nach links ab, umrunden die Nordspitze und wandern über die Jadorfer Straße zur Bundesstraße zurück. Wir überqueren diese und gehen in westlicher Richtung zur Kindergartenstraße und damit zur S-Bahn-Station zurück.

7

Bei den Salzachöfen

Schaudernd vor dem Abgrund stehen

- **Tourcharakter:** Halbtagesausflug
- **Ausgangs- und Endpunkt:** Golling, Kirchplatz
- **Weglänge:** 8,5 km
- **Gesamtdauer:** 3 h
- **Höhenunterschied:** 200 hm
- **Besonderheit:** An der Grenze zwischen Innergebirg und Außergebirg

Bis zu 90 Meter tief hat sich die Salzach im Lauf der Jahrzehnte in den Kalkstein „gefressen" und damit ein Naturschauspiel geschaffen, das die Besucher seit Anfang des 19. Jahrhunderts ebenso anzieht wie fasziniert. Das reißende Wasser tief unter uns hat eine durchschnittliche Fließgeschwindigkeit von 30 Stundenkilometern, und an den engsten Stellen erreicht der Fluss eine Tiefe von 60 Metern. Diese Zahlen geben dem Blick hinab zu den Strudeln und Schnellen etwas Ehrfurchtsvolles. Für besonders unerschrockene Rafter soll es der ultimative Kick sein, sich just an diesem Abschnitt der Salzach mit dem Element Wasser zu messen. Nicht jede dieser Unternehmungen gelingt aber. Schaut man ein weiteres Mal hinab und denkt man an Christoph Perner, der die Schlucht Mitte des 16. Jahrhunderts schiffbar machen wollte, dann wird man vor Staunen schlichtweg stumm. Der vermögende Gewerke, nach dem auch die Halleiner Pernerinsel benannt ist, war erfolgreicher Unternehmer und als solcher auch ein eifriger Bauherr. Neben dem Gut Rif bei Hallein, das er sich zu einem Adelssitz ausbauen ließ, scheint er auch als Bauherr eines Vorgängerbaus des heutigen Schlosses Anif sowie weiterer Ansitze im Pinzgau auf. Nachdem er auf der Salzach zwischen St. Johann und Werfen erfolgreich Transporte durchführte, mag die verwegene Idee geboren worden sein, die Flussschifffahrt bis Hallein und weiter flussabwärts zu verlängern. Nach seinem Tod 1561 wurden die Arbeiten jedoch eingestellt.

Für eine respektvolle wie behutsame Annäherung an die Schlucht sorgte dagegen Ernst Fürst Schwarzenberg (1773–1821), zu seiner Zeit Domherr in Salzburg und Schlossherr in Aigen. Er ließ die ersten Stege errichten, um die damaligen Besucher, die sich an dem Naturschauspiel im romantischen Sinne ergötzten, so nah wie möglich an den „Abgrund" heranzuführen. Auf ihnen – vielfach erneuert – ist man auch heute noch unterwegs, um zu den verschiedenen Aussichtspunkten zu gelangen.

Wir starten unsere Tour zu den Salzachöfen bei der Kirche in Golling und gehen anschließend über die Straße leicht abwärts. Dann biegen wir in die Moartalstraße ein und wandern weiter in südlicher Richtung bis nach der Autobahnunterführung. Danach halten wir uns links, überqueren die Lammer, biegen beim Gasthof rechts und anschließend bei der Kapelle links ab. Nach etwa einer Dreiviertelstunde haben wir die Klamm erreicht. Über Steige und Stufen geht es aufwärts und zu den ausgewiesenen Aussichtspunkten, von denen aus sich besonders spektakuläre Ausblicke in den tosenden Abgrund ergeben. Auf der Passhöhe angekommen, fällt neben der Bundesstraße eine kleine Rokoko-Kirche ins Auge und etwas nördlich davon eine Steinblock-Pyramide, das von Hubert Spannring geschaffene und 1908 enthüllte Denkmal für Joseph Struber, den Schützenhauptmann aus Werfen. Gemeinsam mit Peter Sieber aus Pfarrwerfen kämpfte er 1809 gegen die französischen und bayerischen Truppen. Links von der 1763 erbauten Kirche Maria Brunneck, die auch heute noch der Marienwallfahrt dient, plätschert das sogenannte Brunnecker Bründl, dessen Wasser angeblich Augenleiden lindern soll. Gestaltet wurde der aus vier kreisrunden übereinander gelagerten Schalen bestehende Brunnen von Josef Zenzmaier, dem 1933 in Kuchl geborenen Bildhauer und Lithografen, der auch ein Schüler von Giacomo Manzù war. Da der Weg zurück bis Golling entlang der Bundesstraße zum Gehen nicht sehr angenehm ist, empfiehlt sich der Rückweg durch die Klamm.

8

Vom Wirtshaus zum Denkmal

Auf den Spuren der Freischärler

- **Tourcharakter:** Tagestour
- **Ausgangspunkt:** Gasthof Stegenwald, Werfen
- **Endpunkt:** Pass Lueg
- **Weglänge:** 8 km
- **Gesamtdauer:** 6 h
- **Höhenunterschied:** 1200 hm
- **Besonderheit:** Dramatische Ausblicke

Die Schützenhauptleute, die im Salzburger Freiheitskampf gegen die bayerischen und französischen Besatzer an vorderster Front kämpften, hatten mehrere Gemeinsamkeiten. Zum einen waren sie unerschrockene, gottesfürchtige und der Heimat sehr verbundene, wenn auch ziemlich rückwärtsgewandte Männer, zum anderen waren sie häufig auch Wirte. Andreas Hofer im Passeiertal ebenso wie Anton Wallner in Windisch Matrei, dem heutigen Matrei in Osttirol, und Joseph Struber als Stegenwaldwirt in Werfen. Das Zusammentreffen von Wirt und Schützenhauptmann kam nicht von ungefähr, denn Wirtshäusern kam in der damaligen Zeit eine mehrfache Schutzfunktion zu. Sie sicherten neben dem Dach über dem Kopf und der Versorgung mit Speis und Trank in Einzelfällen auch die Sicherheit von Reisenden, übernahmen manchmal sogar eine asylähnliche Funktion. Eines dieser Wirtshäuser war der Gasthof Stegenwald in Werfen, der heute neben der Südrampe des Hieflertunnels der Tauernautobahn steht. Dort wurde Joseph Struber am 13. Februar 1773 geboren. Als er die Schlacht um den Pass Lueg anführte, war er 36 Jahre alt, verheiratet und Vater eines Sohnes. Struber hatte gegenüber den Besatzungstruppen einen enormen Vorteil: Er kannte sich in dem unwegsamen Gelände des nordwestlichen Tennengebirges aus wie in der eigenen Hosentasche. Es war der Standortvorteil – um es in heutiger Sprache zum Ausdruck zu bringen –, der den Erfolg der Freiheitskämpfer ermöglichte.

Der Ausgangspunkt unserer Tagestour liegt mit dem Gasthof Stegenwald im Pongau. Wir könnten die Tour auch in entgegengesetzter Richtung beginnen lassen, stellen uns aber vor, dass die Schützen und Bauern unter anderem auf diesem Weg zum Pass Lueg vorgedrungen und die Besatzungstruppen überrascht haben. Vom Gasthof Stegenwald geht es zu Beginn kurz in südlicher Richtung, um dann nach Südosten abzubiegen und auf dem Wanderweg Nr. 220 durch den Wald aufzusteigen. Nach der ersten halben Gehstunde kommen wir zur sogenannten Grünwaldrinne und anschließend zur aufgelassenen Grünwaldalm. Von dort geht es in nordöstlicher

Richtung weiter zur Ofenrinne, nach der wir einen Schwenk in südliche Richtung machen. Etwa 20 Minuten später erreichen wir eine Weggabelung. In südlicher Richtung wandern wir über die Pitschenbergalm zum Leo-Happisch-Haus, in nördlicher Richtung führt dann der Weg über das Niedertörl, westlich am Hochtörl und Wirreck vorbei, über das Langtal zum Pass Lueg. Dort erwarten uns weder Bayern noch Franzosen, sondern die Wallfahrtskirche Maria Brunneck. Nach den spannenden natur- und kulturhistorischen Eindrücken genießen wir im Gastgarten des Gasthofes Pass Lueg ein rundum überzeugendes Wiener Schnitzel.

Dass wir als Ausgangspunkt der Tour nicht den Pass Lueg, sondern den südlich, kurz nach der Grenze zum Pongau gelegenen Gasthof Stegenwald wählen, hat nicht nur historische, sondern auch sehr praktische Gründe. Zum einen haben die Schützen seinerzeit auch diese Route gewählt, zum anderen ist der Abstieg zum Pass Lueg weniger steil und deshalb für die Gelenke erheblich schonender.

Der Gasthof Pass Lueg steht auf der Passhöhe, unmittelbar am Eingang zur Salzachklamm und eingebettet zwischen den beiden Blöcken des Hagen- und Tennengebirges. In den Geträumen und im schattigen Gastgarten – einem der schönsten in der Umgebung – werden traditionelle österreichische Gerichte und hausgemachte Mehlspeisen serviert. Dabei liegt unser Hauptaugenmerk auf der Verwendung regionaler Zutaten. Mittwoch Ruhetag.

Gasthof Pass Lueg, Obergäu 82, 5440 Golling
Tel. 06244/42 80, office@passlueg.at, www.passlueg.at

Nach der Französischen Revolution und dem unaufhaltsamen Aufstieg des kleinen Korsen Napoleon Bonaparte blieb in Europa kein Stein auf dem anderen. Das galt für die großen Reiche gleichermaßen wie für die kleinen selbstständigen Staaten. Die Kleinen wurden den Großen geopfert, so sah es der 1803 in Regensburg vereinbarte Reichsdeputationshauptschluss vor. Geistliche Fürstentümer wie das Fürsterzbistum Salzburg, das um 1800 auf eine knapp 600-jährige Selbstständigkeit zurückblicken konnte, wurden säkularisiert und als Kompensationsmasse für Gebietsverluste der Herrscherhäuser hin- und hergeschoben. Salzburg wechselte zwischen Österreich, Bayern und Frankreich.

Fürsterzbischof Hieronymus Graf Colloredo floh bereits im Februar 1800 vor den anrückenden Franzosen nach Wien und leitete von dort aus die Amtsgeschäfte, ehe „sein" Land 1803 in ein Kurfürstentum umgewandelt wurde und an den habsburgischen Großherzog Ferdinand III. als Ersatz für den Verlust der Toskana ging. 1805 kam das Herzogtum Salzburg, erweitert um die Fürstpropstei Berchtesgaden, zu Österreich. Als Napoleon 1809 Österreich in der Schlacht bei Wagram besiegte, wurde Salzburg wieder von Österreich getrennt und unter französische Verwaltung gestellt. So wurden die alten Strukturen zerschlagen und in kurzen Abständen durch wechselnde Verwaltungen ersetzt. Die Schätze wurden geraubt, die Sieger verlangten hohe Kontributionszahlungen, die Bevölkerung litt, und das Land blutete aus.

Vor allem im Innergebirg wollte man an den alten Strukturen festhalten und wehrte sich gegen eine französisch ausgerichtete Verwaltung. So kam es im September 1809 zur Schlacht um den Pass Lueg, den die Franzosen besetzt hielten. „Frei-schärler" scharten sich um die Pinzgauer und Pongauer Schüt-zenhauptmänner, deren großes Vorbild Andreas Hofer war, und setzten all ihre Kräfte für die Verteidigung der Heimat und „ihrer" Werte ein. Am Pass Lueg kämpfte Peter Sieberer aus Pfarrwerfen an der Seite von Joseph Struber, dem Wirt von Stegenwald, der als Held vom Pass Lueg in die Geschichte ein-gehen sollte. Am 25. September kam es zum Angriff auf die verhassten Besatzer. Heutigen Schätzungen zufolge standen zwischen 400 und 500 Schützen einer Übermacht von 6000 bis 7000 bayerischen und französischen Soldaten gegenüber. Angesichts dieser Übermacht konnte es den Schützen nur da-rum gehen, ihre Ortskenntnisse im unzugänglichen Tennen-gebirge bestmöglich zu nutzen. Deshalb griffen Struber und seine Männer die französischen und bayerischen Soldaten an deren Flanken an und zogen sich zwischendurch immer wie-der in die Felswände zurück. So vermochten sie der Übermacht zu trotzen. Struber gab den Pass erst frei, nachdem am 20. Ok-tober der Frieden von Schönbrunn unterzeichnet worden war.

Struber wurde von Andreas Hofer unmittelbar danach zum Ma-jor befördert und erhielt 1817, nachdem Salzburg endgültig zum Haus Österreich gekommen war, mit kaiserlichem Hand-schreiben die „Mittlere Goldene Civil-Ehrenmedaille mit Oehr und Band". 1898 wurde schließlich das von Herbert Spannring (1864–1930) geschaffene Denkmal auf der Passhöhe einge-weiht, das die Form einer Steinblockpyramide hat. In einen der Steine ist ein bronzenes Porträtmedaillon Strubers einge-lassen, dem ein Jüngling in Vollplastik huldigt, dessen rechte Hand zum Salzburger Landeswappen aus Untersbergmarmor deutet. Obwohl der Abwehrkampf die Übernahme Salzburgs

durch die Bayern nach dem Frieden von Schönbrunn nicht ver-
hindern konnte, wurden die Schützen dennoch überschwäng-
lich gefeiert, da sie es geschafft hatten, den in das Innergebirg
einfallenden und dort besonders verhassten bayerischen und
französischen „Modernisierern" Paroli zu bieten.

Bizarre
Steinwelt

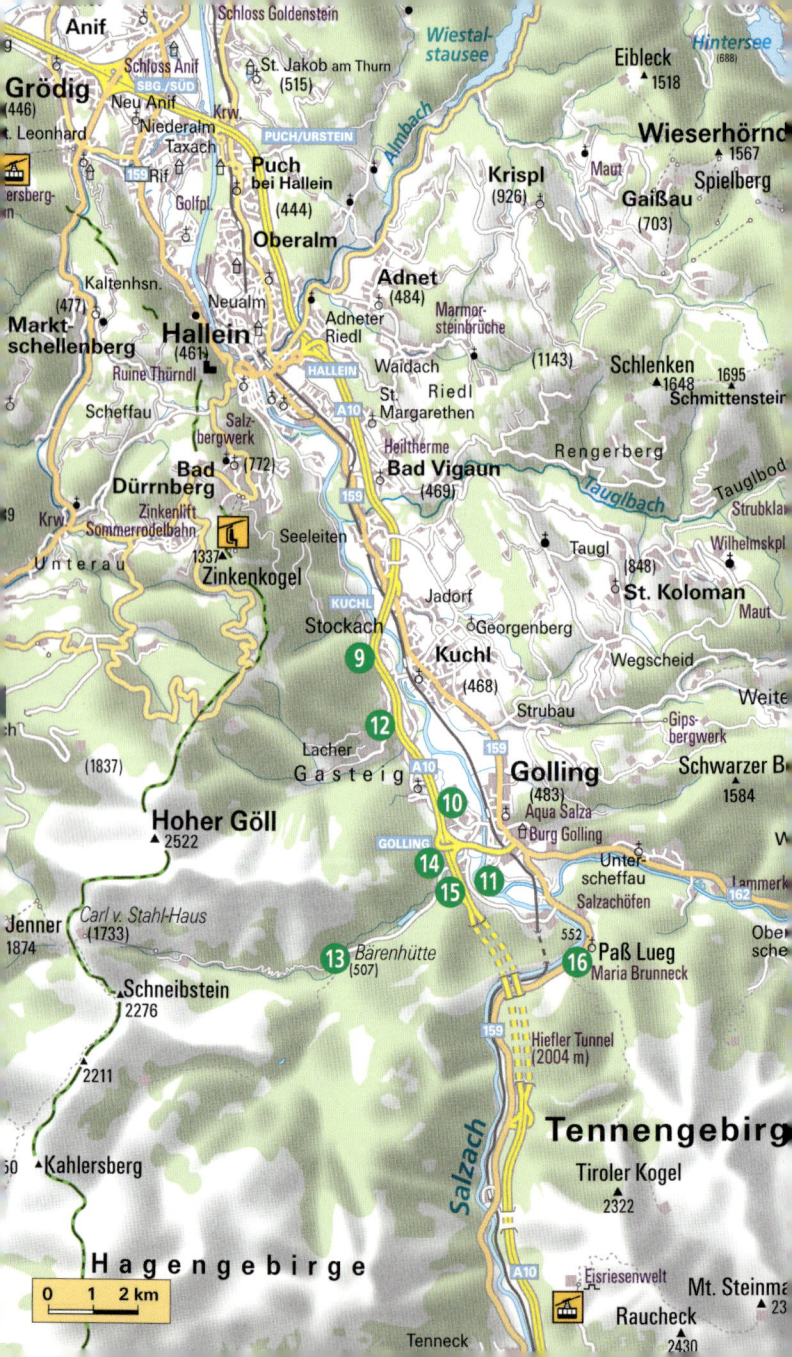

Hagengebirge und Hoher Göll

Während sich auf der rechten Salzachseite nördlich von Golling die einzelnen Orte bis Puch sozusagen die Hand reichen können, ist die linke Seite kaum besiedelt. Zum einen reicht das Hagengebirge weiter nach Norden als das Tennengebirge, zum anderen schließt sich nach dem Bluntautal gleich das Massiv des Hohen Göll an und darauf folgen die östlichen Hänge des Roßfeldes, die sich zwischen Staatsgrenze und Salzach erstrecken und unterhalb der Almen dicht bewaldet sind.

Dafür spielt das Wasser eine große Rolle und das hat gar nicht nur mit der Salzach zu tun. Weil das weitgehend unzugängliche und unerschlossene und deshalb fast mystisch zu nennende Hagengebirge sich an der Oberfläche entwässert, sprudelt und blubbert es, wo immer man hintritt. Der Gebirgsstock zwischen der Nordseite des Blühnbachtals und dem südlichen Bluntautal ist ein Wanderrevier für Individualisten, die den Hautkontakt mit der schroffen Bergwelt suchen und auch dann nicht vor einem Weg zurückschrecken, wenn er keine Einkehrmöglichkeit bietet. Vor allem die Tour zum Vorderschlumsee ist nicht nur ein Abenteuer, was den Aufstieg betrifft, sondern auch in Bezug darauf, wie das Element Wasser eine Landschaft formen und in welch vielfältigen Variationen das Wasser auftreten kann. Vom See, der sich periodisch füllt und entleert, über große Quelltöpfe und Wasserschleier bis zu Bächen, die sich wiederum zu Seen stauen, ist alles im Angebot.

Was ab dem Beginn des 20. Jahrhunderts hochherrschaftliches Jagdgebiet des österreichischen Thronfolgers war und ab 1916 der deutschen Industriellenfamilie Krupp von Bohlen und Halbach gehörte, ist seit 1973 im Besitz der Österreichischen Bundesforste. So hat die Jagd das Hagengebirge nach wie vor voll im Griff, und Wanderer sowie Bergsteiger sind spätestens ab Beginn der Jagdsaison Anfang September gar nicht mehr gerne gesehen. Entsprechend haben sich auch die Almen zugunsten der Jagdreviere reduziert. Für Wanderer hat das den Vorteil, dass man viel häufiger als in anderen Gebirgen Wildtieren, darunter auch Gämsen, begegnen kann. 1983 wurde der österreichische Teil, der zwei Drittel umfasst, zum Landschaftsschutzgebiet erklärt.

Die österreichisch-deutsche Staatsgrenze zieht sich vom Hagengebirge, das durch das Torrener Joch mit dem Göll-Massiv verbunden ist, über den Hohen Göll weiter nach Norden und von dort über das Roßfeld und Bad Dürrnberg bis zu den Barmsteinen oberhalb von Kaltenhausen, wo sich die Grenze fast bis zur Salzach erstreckt.

Was das Wasser betrifft, hat selbstverständlich auch der Gollinger Wasserfall mit seiner einzigartigen Performance ein gewichtiges Wörtchen mitzureden, ebenso wie der Schleierfall im Gemeindegebiet von Kuchl.

9

Unterwegs im Wengerwald

Zwischen Salzach und Roßfeld

- **Tourcharakter:** Ausgedehnte Halbtagestour
- **Ausgangs- und Endpunkt:** S-Bahn-Haltestelle Kuchl
- **Weglänge:** 11 km
- **Gesamtdauer:** 5 h
- **Höhenunterschied:** 900 hm
- **Besonderheit:** Zum Auftakt ein Schleierfall

Nach dem Hagengebirge und dem Göll-Massiv zieht sich das Roßfeld, dessen Abhänge zur Salzach hin durch eine Mischung aus Almen und dichten Wäldern geprägt sind, nach Norden. Die ideale Voraussetzung für eine eher gemütliche Wanderung, die von der Stadt Salzburg aus noch dazu sehr schnell zu erreichen ist. Wie könnte es für eine Tour auf der linken Salzachseite anders sein: Auch hier spielt das Wasser eine entscheidende Rolle. Der Schleierfall gibt der gesamten Wanderung einen leichtfüßigen Ton, der bis zum Ende erhalten bleibt.

Der Ausgangspunkt dieser ausgedehnten Halbtagestour ist die S-Bahn-Haltestelle Kuchl, von der wir in westlicher Richtung die Salzach überqueren und auf dem sogenannten Talweg Schleierfall in nördlicher Richtung weitermarschieren. Bei dem Hinweisschild „Schleierfall" biegen wir links ab, kommen an einem stattlichen Bauernhof vorbei und bleiben auf dem ausgeschilderten Weg, bis wir die letzten Häuser hinter uns lassen. Auf einem ziemlich schmalen Pfad geht es über Wiesen steil hinauf. Um einen direkten Blick auf den Schleierfall zu haben, machen wir einen kurzen Abstecher, der gut ausgeschildert ist und uns näher an den Wasserfall heranführt. Anschließend geht es über Almböden abwechselnd steil und gemächlich hinauf bis zu einem Bauernhof und danach weiter bis zur Truckenthannalm, die auf knapp über 1100 Meter liegt. Dort vereint sich der Weg mit dem von Bad Dürrnberg kommenden Arnoweg. Wir wandern weiter bis zur Nesslangeralm. Anschließend führt uns der Weg zumeist durch den Wald hinunter zum Hochschaufler, nach dem wir uns links halten und in nordöstlicher Richtung bis zur Autobahnunterführung wandern. Gleich anschließend überqueren wir die Salzach und kehren zum Ausgangspunkt zurück.

10

Hinauf zum Purtschellerhaus

Berghütte mit Grenzerfahrung

- **Tourcharakter:** Tagestour
- **Ausgangs- und Endpunkt:** Golling, Kirche St. Nikolaus
- **Weglänge:** 15 km
- **Gesamtdauer:** 7 h
- **Höhenunterschied:** 1200 hm
- **Besonderheit:** Großzügiger Panoramablick

Die 1899 auf einem nördlich auslaufenden Dorn des Hohen Göll, dem sogenannten Eckerfirst, erbaute Hütte hätte ursprünglich schlicht „Hütte am Hohen Göll" heißen sollen. Der tragische Tod Ludwig Purtschellers – er war einer der bekanntesten Bergsteiger seiner Zeit und einer der besten Kenner der Alpen – verpflichtete die Verantwortlichen jedoch, der Hütte in Erinnerung an ihn seinen Namen zu geben. Berühmt wurde der 1844 in Innsbruck geborene Purtscheller für seine zahlreichen Erstbesteigungen und neuen Anstiege ohne Begleitung eines Bergführers. Innerhalb von zwanzig Jahren soll er insgesamt an die 1700 Gipfel bestiegen haben, darunter sind so spektakuläre Touren wie die erste führerlose Überschreitung des Matterhorn oder die Bezwingung des Watzmann von St. Bartholomä aus. Begleitet wurde er dabei oftmals von Gleichgesinnten wie den Brüdern Zsigmondy, mit denen ihm die erste Gesamtüberschreitung der 3983 Meter hohen Meije im Oisans-Massiv in den französischen Westalpen gelang. Weltbekannt wurde Purtscheller durch die Erstbesteigung des Kilimandscharo. Es war bereits der zweite Anlauf, als er 1889 mit Hans Meyer, einem Forscher und Geografen aus Leipzig, und dem Bergführer Yohani Kinyala Lauwo den Gipfelsieg errang. Bei der Besteigung der Aiguille du Dru kam es 1899 zu einem verhängnisvollen Unfall. Purtscheller brach sich den rechten Oberschenkel und zog sich während der Rekonvaleszenz eine Lungenentzündung zu, von der er sich nicht mehr erholte. Purtscheller starb am 3. März 1900 in Bern und hat seine letzte Ruhestätte in einem Ehrengrab auf dem Salzburger Kommunalfriedhof gefunden. In den Arkaden zur Universitätsbibliothek, seiner einstigen Wirkungsstätte als Lehrer, ist eine Erinnerungstafel an den großen Alpinisten angebracht.

Unser Weg zum Purtschellerhaus beginnt bei dem Kirchlein St. Nikolaus, das etwas erhaben auf einem Konglomeratfelsblock steht. Zuerst ist der Weg mit dem zum Gollinger Wasserfall identisch, anschließend geht es in nordwestlicher Richtung nach Gasteig, wo wir den Weißenbach überqueren und kurz danach den Wanderweg in Richtung Kühschwalb kreuzen. Auf dem Weg Nr. 20 geht es zwischen Sulzgraben im Norden und Klausgraben im Süden steil hinauf, bis wir die Dürrfeichtenalm auf 1344 Metern erreichen. Von dort wandern wir in westlicher Richtung weiter zum Eckersattel und dann der Staatsgrenze entlang zum Purtschellerhaus, das teils auf deutschem und teils auf österreichischem Boden erbaut wurde. Dort eröffnet sich uns nach drei Seiten hin ein großzügiger Panoramablick ins Salzachtal, zum Tennengebirge, zum Dachstein, zum Königssee, ins Berchtesgadener Land und bis zum Untersberg. Die Grenze zwischen Österreich und Deutschland verläuft mitten durch die Hütte und ist mit einer farbigen Linie markiert. Auf dem Rückweg gehen wir vom Purtschellerhaus zuerst in östlicher und dann in nördlicher Richtung zum Eckersattel zurück, und von dort nehmen wir den Weg zur Dürrfeichtenalm, auf dem wir auch hergekommen sind.

11

Von Golling über St. Nikolaus zum Wasserfall

Wasserspiele

- **Tourcharakter:** Halbtageswanderung
- **Ausgangs- und Endpunkt:** Marktplatz in Golling
- **Weglänge:** 6 km
- **Gesamtdauer:** 2 h
- **Höhenunterschied:** 200 hm
- **Besonderheit:** Aufstieg zur Quelle

„Ich verließ diese herrlichen Cataracten, ungewiß, ob ich diesen, oder den zuvor bewunderten Oefen der Salza den Preis der Merkwürdigkeit zusprechen sollte?" Mit diesen Zeilen schloss Joseph Kyselak (1799–1831) seine Notizen über den Gollinger Wasserfall, den er, wie zuvor die Salzachöfen, auf seiner Fußreise durch Österreich besuchte, die ihn von Graz über Lavamünd nach Klagenfurt, ins Mölltal, durch das Gasteiner Tal nach Werfen, weiter zum Königssee und über das Steinerne Meer nach Zell am See führte. Von dort ging's ins Zillertal und nach Südtirol. Von Sterzing kehrte er über das Timmelsjoch nach Nordtirol zurück, um durch das Ötztal und das Stubaital nach Innsbruck zu gelangen. Den Rückweg nach Wien legte er großteils auf dem Wasser zurück. Alles in allem eine beachtliche Reise, während der er etwa drei Monate unterwegs war. Der Nachwelt bekannt blieb er aber weniger der Reise wegen, über die er 1829 einen Bericht veröffentlichte, sondern vielmehr durch seine Eigenart, an den meisten Stellen, die er besuchte, seinen Namen in Form einer Gravur zu hinterlassen wie ein früher Graffiti-Sprayer. Joseph Victor von Scheffel, Hausdichter der Spätromantik, verewigte ihn gar in einem Gedicht:

„Schwindlig ob des Abgrunds Schauer
Ragt des höchsten Giebels Zack
Und am höchsten Saum der Mauer
Prangt der Name – KISELAK."

Ob Kyselak beim Gollinger Wasserfall auch ein Graffiti hinterlassen hat, ist nicht überliefert. Wir haben keines gesehen, zugegeben, wir haben auch nicht danach gesucht, denn vom ersten Moment an hat uns der Wasserfall in seinen Bann gezogen, dessen unterer Katarakt sich wie eine gläserne Trapezwand über den Fels ergießt und 25 Meter weiter unten in einem Becken sammelt. Es sprüht, und wenn die Sonne richtig steht, funkelt und gleißt es, und der schleierfeine Sprühregen trägt sein Übriges zum Naturschauspiel bei. Weil der Gollinger Wasserfall leicht und ohne Anstrengung zu erreichen ist, gilt er heute wie seit dem frühen 19. Jahrhundert als beliebtes Ausflugsziel. Wie schon bei den Salzachöfen, so war Ernst Fürst Schwarzenberg auch hier maßgeblich an der Erschließung beteiligt.

Wir beginnen unseren Ausflug auf dem Marktplatz in Golling. Über die Wasserfallstraße gehen wir in westlicher Richtung zur Salzachbrücke hinunter, um unmittelbar danach rechts in einen Wanderweg einzubiegen, auf dem wir zwischen Salzach und Autobahn in nordwestlicher Richtung wandern. Nach einem guten Kilometer zweigen wir nach links ab, gehen unter der Autobahn hindurch und erreichen so das kleine Felsplateau des Nikolausbergs. Wie der Georgenberg bei Kuchl wurde auch der Nikolausberg bei Golling als geschützter Ort für den Bau einer Kirche genutzt. Die spätgotische Wallfahrtskirche wurde 1517 geweiht, später barock ausgebaut und 2010 einer Generalsanierung unterzogen. Auffällig ist wie bei der Kirche auf dem Georgenberg eine Außenkanzel, die höchstwahrscheinlich dazu diente, zu einer größeren Ansammlung von Wallfahrern zu sprechen. Außerdem steht in der Kirche die älteste noch bespielbare Orgel im Land Salzburg.

Nach der Kirche gehen wir in westlicher Richtung weiter, kommen am Campinglatz vorbei und nach ein paar Hundert Metern zum Wasserfall. Links davon führen ein Serpentinenweg und ein Steig hinauf bis zur Brücke über den ersten Katarakt. Nach der Brücke kann man noch bis zur Schwarzbachquelle hinaufgehen und einen spektakulären Blick auf Golling genießen.

12

Über den Kleinen Göll zum Bärenstuhl

Eine Tour für stille Genießer

- **Tourcharakter:** Tagestour
- **Ausgangs- und Endpunkt:** Gollinger Wasserfall, Parkplatz
- **Weglänge:** 10 km
- **Gesamtdauer:** 6 h
- **Höhenunterschied:** 1250 hm
- **Besonderheit:** Zwei Gipfel zum Preis von einem

Der Kleine Göll, 1752 Meter hoch, zählt wie sein großer 2522 Meter hoher großer Bruder zu den Berchtesgadener Alpen, die ihrerseits Teil der nördlichen Kalkalpen sind. Im Mittelpunkt steht der ebenso dominante wie legendenumwobene Watzmann, der von Göll-Massiv, Untersberg, Hagengebirge, Hochkönig, Steinernem Meer, Reiteralpe und Lattengebirge umgeben ist. Um allfälligen Irritationen in der Namensgebung und Begrifflichkeit zuvorzukommen: Der Salzburger Anteil an den Berchtesgadener Alpen wird in der hiesigen Landesgeografie als Salzburger Kalkhochalpen bezeichnet. Das Göll-Massiv wird im Süden durch das Bluntautal vom Hagengebirge getrennt. Die östlichen Ausläufer reichen bis zur Salzach und im Westen zieht sich das Massiv bis ins Berchtesgadener Land hinein. Im Norden schließt sich nach dem Eckerfirst das Roßfeld an. Eine erste dokumentierte Überschreitung des Göll-Ostgrates gelang dem Alpinisten und Juristen Hermann von Barth (1845–1876), der sich nicht nur als Erforscher, sondern auch als Autor von Tourenbeschreibungen einen Namen machte. Seine detaillierten Beschreibungen und Zeichnungen waren ebenso bahnbrechend wie mustergültig.

Vom Wasserfall führt ein geschotterter Weg bis zur Abkürzung, die uns linker Hand auf einen Steig durch den Wald führt, der gleich ziemlich steil beginnt und mehrmals Forststraßen quert. Wer gerne möglichst allein unterwegs sein will und das meditative Wandern spektakulären Aussichten oder anderen Naturschauspielen vorzieht, wird diese Tour lieben. Aufzupassen ist allerdings nach regnerischen Tagen, denn dann besteht auf einigen besonders steilen Abschnitten Rutschgefahr. Nach knapp 1200 Höhenmetern halten wir uns bei der Weggabelung rechts und nehmen die letzten 50 Höhenmeter auf den Kleinen Göll sozusagen im Handumdrehen. Vom Kleinen Göll geht es durch ein Latschenfeld leicht abwärts. Dann muss man bis zum Gipfelkreuz des Bärenstuhl auch die Hände zum Vorwärtskommen einsetzen. Der Gipfelblick auf das Salzachtal ist grandios. Zurück geht es zuerst wieder zur Weggabelung und dann auf dem Hinweg bis zum Wasserfall zurück.

13

Tal der Schmetterlinge

- **Tourcharakter:** Tagestour
- **Ausgangs- und Endpunkt:** Bärenhof im Bluntautal
- **Weglänge:** 16 km
- **Gesamtdauer:** 7 h
- **Höhenunterschied:** 1250 hm
- **Besonderheit:** Große Artenvielfalt

Das Bluntautal trennt das Hagengebirge vom Göll-Massiv und ist seit dem 15. Jahrhundert ein begehrtes Jagdgebiet. Daran hat sich bis heute nicht viel geändert, wie die Jagdhütten unterhalb des Carl-von-Stahl-Hauses beweisen. Wie das Blühnbachtal so wurde auch das benachbarte Bluntautal von dem von der Jagd besessenen Thronfolger Erzherzog Franz Ferdinand von Österreich mit einer gut ausgebauten Forststraße erschlossen. Als die Jagd nach 1914 in den Besitz der Krupp-Dynastie wechselte, wurde es für den Deutschen und Oesterreichischen Alpenverein leichter, Wanderern und Bergsteigern den Zugang zu ermöglichen. Um einen Fuß in der Tür zu haben, erwarb der Justitiar der Salzburger Sektion des OeAV die Obere Jochalm aus seinem Privatvermögen. Das ermöglichte Jahre später überhaupt erst den Bau des „Stahl-Hauses", weil die Familie Krupp zu einem Grundstückstausch bereit war. Die Finanzierung des Hauses übernahm der in die USA ausgewanderte Carl von Stahl, der in der Textilindustrie erfolgreich war.

Das Zurückdrängen der Almwirtschaft zugunsten der Jagden hat dem Hagengebirge in weiten Teilen seinen ursprünglichen Charakter gelassen. Aber nicht nur das, auch die Artenvielfalt der dort beheimateten Tiere und Pflanzen konnte weitgehend aufrechterhalten bleiben. So sind im Bluntautal etwa die Hälfte aller im Land Salzburg vorkommenden Schmetterlinge beheimatet. Tatsächlich sind vor allem der Apollo- und Scheckenfalter charmante Begleiter auf dieser Wanderung. Wer mit offenen Augen unterwegs ist, wird zwischendurch immer wieder Wild beobachten können, dem einen oder anderen Feuersalamander oder einer Zauneidechse begegnen und bei entsprechender Witterung auch eine Kreuzotter entdecken.

Ausgangspunkt der Tour ist der Parkplatz beim Bärenhof. Am Wochenende ist die Zufahrt zum Bärenhof von Torren aus nur bis 10 Uhr vormittags gestattet. Für die Fahrten talauswärts besteht keine Einschränkung. Nach dem Bärenhof geht es zuerst ein Stück der Forststraße entlang. Nach etwa 700 Metern kommen wir zu einer Weggabelung: Rechts führt der Wanderweg über zahlreiche engere und weitere Serpentinen am Fischbach entlang bis zur Oberen Jochalm, die auf 1399 Meter liegt. Links davon ist der Forstweg angelegt, der nach den ersten 500 Metern den Bach quert. Unabhängig davon, welche Variante des Aufstiegs gewählt wird, türmen sich beidseits die Felswände und zeigen mit großer Selbstverständlichkeit, um welche Gebirge es sich hier handelt. Einzig der talauswärts in Richtung Salzachtal gerichtete Blick verschafft etwas Weite. Der letzte Abschnitt bis zu dem auf 1733 Meter liegenden Carl-von-Stahl-Haus, in das wir einkehren, um uns von den Strapazen des Aufstiegs zu erholen, besteht nur mehr aus einem kurzen Weg. Das von der Sektion Salzburg des OeAV betriebene Haus liegt unmittelbar an der österreichisch-deutschen Staatsgrenze und ist auch von bayerischer Seite aus erreichbar. Der Rückweg entspricht dem Hinweg.

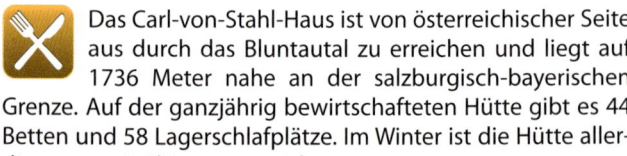 Das Carl-von-Stahl-Haus ist von österreichischer Seite aus durch das Bluntautal zu erreichen und liegt auf 1736 Meter nahe an der salzburgisch-bayerischen Grenze. Auf der ganzjährig bewirtschafteten Hütte gibt es 44 Betten und 58 Lagerschlafplätze. Im Winter ist die Hütte allerdings nur mit Skiern zu erreichen.

Carl-von-Stahl-Haus, Schutzhütte des OeAV
Tel. 0049 8652/65 59 922, reservierung.stahlhaus@gmail.com
www.carl-von-stahl-haus.com, www.stahlhaus.at
www.alpenverein-salzburg.at

14

Zum Vorderschlumsee

Wasser über Wasser

- **Tourcharakter:** Tagestour
- **Ausgangs- und Endpunkt:** Parkplatz beim Eingang ins Bluntautal
- **Weglänge:** 12 km
- **Gesamtdauer:** 7 h
- **Höhenunterschied:** 700 hm
- **Besonderheit:** Bergeinsamkeit für Geübte

Ob der Vorderschlumsee mit Wasser gefüllt ist oder nicht, stellt sich erst heraus, wenn man vor ihm steht. Es handelt sich um einen sogenannten periodischen See, dessen Wasserstand nicht nur von der jeweils aktuellen Regenmenge abhängt, sondern auch vom „Wassersystem" im Inneren des Hagengebirges, das von großen, durch Rinnen und Kanäle verbundenen Höhlen durchzogen ist. Selbst wer den See trocken vorfindet, wird aber nicht unter dem Eindruck von Wassermangel zu leiden haben, denn von Beginn der Wanderung an spielt das Wasser eine dominante Rolle: Bach, See, Bach, Karstquelle, Wasserfall und auf der Hälfte der Tour noch einmal ein See, ob nun gefüllt oder leer. Neben dem erfrischenden Eindruck des Wassers bietet diese Tour im Hagengebirge eine Berglandschaft, die an Dramatik nichts zu wünschen übrig lässt. Man ist über weite Strecken mit sich allein, und das weiß die Natur in ihrer Dominanz zu nützen. Bergeinsamkeit gehört zum Hagengebirge, dem am wenigsten erschlossenen Bergmassiv im Land Salzburg, wie der Sommertrubel in der Getreidegasse.

Nach der Brücke beim Parkplatz halten wir uns rechts und wandern auf dem geschotterten Forstweg entlang des Torrener Baches etwa eine Stunde taleinwärts. Hinter dem Bärenhof orientieren wir uns am Weg Nr. 454, der uns in südöstlicher Richtung zur großen Quelle und zum Torrener Wasserfall führt. Auf diesem Wegstück empfiehlt es sich, der Beschilderung des Wanderweges aufmerksam zu folgen. Zuerst kommen wir zu einem Quelltopf in beträchtlicher Größe, und kurze Zeit später steigen wir am Wasserfall vorbei, der den Eindruck erweckt, es würde sich um eine fließende Wand handeln. Danach zieht sich das Wasser zurück und macht dem Abenteuer des steilen Aufstiegs über eine imposante Treppenkonstruktion Platz. Die auch auf dem Weg liegende Bärenhöhle bleibt allerdings unsichtbar. Nach weiteren 150 Höhenmetern kommen wir zu einer Weggabelung, an der wir den linken Ast wählen, um zu dem auf knapp 1200 Meter liegenden Vorderschlumsee zu gelangen. Anschließend geht es über ein paar Hundert Höhenmeter weiter südlich nach Vorderschlum, ehe sich der Weg nach Westen biegt. An der nächsten Kreuzung halten wir uns rechts und kommen über den Weg Nr. 454 wieder zum Bärenhof zurück.

15

Der Tristkopf

Grenzberg zum Pongau

- **Tourcharakter:** Anspruchsvolle Tagestour
- **Ausgangs- und Endpunkt:** Parkplatz Bluntaumühle
- **Weglänge:** 12,5 km
- **Gesamtdauer:** 7,5 h
- **Höhenunterschied:** 1650 hm
- **Besonderheit:** Eindrucksvoller Fernblick

Als Wächter über dem Salzachtal ist der 2130 Meter hohe Trist-kopf an der Ostseite des Hagengebirges auch gut vom Tal aus zu sehen. Dementsprechend gewaltig ist der Blick hinab ins Salzachtal und weiter bis zu den Niederen Tauern. Von der rechten Salzachseite grüßt geschwisterlich das Tennengebirge und nach Osten geht der Blick zu Schneibstein, Hohem Göll und Watzmann. Begehbar ist der Tristkopf sowohl von Golling als auch von Sulzau bei Werfen aus. So unberührt sich das Hagengebirge, in dem sich kaum bewirtschaftete Almen oder Schutzhütten befinden, auch geben mag, von der Zivilisation blieb es dennoch nicht verschont. Um Strom vom Kraftwerk Kaprun in den Osten des Landes zu transportieren, wurde eine Hochspannungsleitung über den Gebirgsstock geführt. Der sogenannte Verbundsteig erinnert an diese Zeit.

Der Ausgangspunkt der Tour liegt beim Parkplatz am Eingang zum Bluntautal. Etwa 100 Meter nach der Brücke über den Tor-rener Bach biegen wir links auf einen Forstweg zum Bärenhof ab, der südlich des Baches verläuft. Nach einem halben Kilome-ter zweigt links der Wanderweg ab, der sich in schier unend-lichen Serpentinen auf einem steilen Waldrücken zwischen Sommerauwald und Tannhausberg bis zur Kratzalm hinauf-zieht. Bei der Weggabelung halten wir uns links und wählen den etwas schwierigeren Verbundsteig bis zur Angeralm. Da-nach geht es auf einem steilen Pfad durch den Hochwald, vor-bei an Peterskopf und Lärchkopf, zur verfallenen Fillingalm. Bis zum Hochtor, wo die Tennengauer und die Pongauer Route zusammentreffen, sind dann noch einmal etwa 200 Höhen-meter zu überwinden. Abschließend führt ein schmaler und steiler Steig in der Ostflanke zum Gipfel des Tristkopfes.

Für den Abstieg wählen wir die Alternativroute, die vom Hoch-tor in Richtung Verbundhütte führt. Um dorthin zu gelangen, biegen wir nach Norden ab und gehen über den Steig Nr. 458 zur Angeralm, bei der wir links abzweigen, um dann über den Kettensteig zur Kratzalm zu gelangen. Von dort entspricht der weitere Abstieg dem Aufstieg.

16

Auf dem Tauernradweg unterwegs

Fast immer in Begleitung der Salzach

- **Tourcharakter:** Radtour 🚲
- **Ausgangs- und Endpunkt:** Parkplatz auf dem Pass Lueg
- **Weglänge:** 40 km
- **Gesamtdauer:** 4 h
- **Höhenunterschied:** 100 hm
- **Besonderheit:** Zwischenaufenthalt in Hallein

Wenn sich die Salzach am Pass Lueg in 90 Meter Tiefe sprudelnd und schäumend den Weg zwischen Hagengebirge und Tennengebirge bahnt, hat sie bereits eine Flussstrecke von etwa 120 Kilometern hinter und noch 100 vor sich, ehe sie in der Haiminger Au zwischen Burghausen und Braunau in den Inn mündet. Dass sie fast auf halber Strecke bei den Salzachöfen eines ihrer wilden Gesichter zeigt, lässt auf eine gute Dramaturgie deuten, noch dazu, weil es nach den Salzachöfen fast beschaulich, wenn nicht sogar meditativ weitergeht. So offen und weitläufig die Landschaft in Richtung Norden erlebt werden mag, so eng und beklemmend kann es auf dem Rückweg vom Kraftwerk Urstein werden, je näher wir auf Golling zufahren, um schließlich in der Enge zwischen den Gebirgszügen auf dem Weg zum Pass Lueg zu „verschwinden".

Vom Pass Lueg geht es auf der Bundesstraße 159 in nördlicher Richtung nach Golling – und zwar abwärts. Beim Hinweisschild „Moartal" biegen wir links ab und nach weiteren 500 Metern rechts, womit wir auf einen unbefestigten Wiesenweg kommen, der bei einem Bauernhof endet. Nach dem Bauernhof halten wir uns links, um auf einer asphaltierten Straße weiter zu radeln. Nach 200 Metern erreichen wir die Salzachbrücke und damit jenen Abschnitt des Tauernradwegs, der am Fluss entlang führt. Bei Torren unterqueren wir die Autobahn und fahren entlang eines Hanges, bis wir wieder die Salzach erreichen. Auf einer Landstraße geht es weiter nach Norden bis zur Gamper Straße und kommen nach einem Tennisplatz zum Pingitzer Kai, dem wir bis zum Griesplatz in Hallein folgen. Nach dem Überqueren des Griesplatzes biegen wir in die Griestorgasse ein, kommen auf den Bayrhamerplatz, halten uns rechts und radeln auf der Thunstraße weiter. Bei der Stadtbrücke bleiben wir auf der linken Seite und fahren bis zum Pflegerplatz, von dem aus wir in die Schiemerstraße einbiegen und bis zum Schifferplatz fahren. Anschließend geht es nach rechts und unter der Colloredobrücke der Salzach entlang weiter. Über Kaltenhausen führt der Weg durch den Auwald bis zur Bezirksgrenze beim Kraftwerk Urstein. Dort wechseln wir die Salzachseite und strampeln bis zum Pass Lueg zurück.

Die Scheitelstrecke der knapp 15 Kilometer langen Roßfeld-Panoramastraße, die auch von Bad Dürrnberg aus erreichbar ist, verläuft auf dem Hahnenkamm – einem östlichen Ausläufer des Hohen Göll – und teilweise auf österreichischem Staatsgebiet. Selbstverständlich wurde hierfür nach Fertigstellung der Straße 1955 ein Staatsvertrag zwischen der Bundesrepublik Deutschland und Österreich ausgehandelt. Die bilaterale Vereinbarung sieht vor, dass Österreich die Straßenführung duldet und Deutschland für den Straßenunterhalt aufkommt.

So sachlich und friedfertig konnten zwischenstaatliche Angelegenheiten an dieser Grenze nicht immer geregelt werden. Insbesondere bis zur Auflösung des Fürsterzbistums Salzburg sowie der Fürstpropstei Berchtesgaden, festgelegt im Reichsdeputationshauptschluss von 1803, war die Grenze zwischen den beiden Kleinststaaten ziemlich heiß. Grund und Anlass für Zank, Streit und Krieg war das Salz. Wirtschafts- und finanzpolitisch betrachtet, hatte es seinerzeit eine ähnliche Spaltenergie wie das Erdöl unserer Tage. Die Salzburger Fürsterzbischöfe trachteten nach der Monopolstellung, um möglichst viel Geld aus dem Salzhandel zu lukrieren. Die wegen des aufwendigen Lebenswandels der Augustiner Chorherren andauernd unter Geldnot leidende Fürstpropstei war ebenso auf einen höchstmöglichen Ertrag angewiesen und zeitweise genötigt, die Marktschellenberger Saline zeitweise an Salzburg zu verpfänden. Als sich Fürsterzbischof Wolf Dietrich von Raitenau im Jahr 1611 anschickte, den Salzbergbau in Berchtesgaden zur Gänze dem Land Salzburg einzuverleiben, kam es zum berüchtigten Salzkrieg, an dessen Ende Wolf Dietrich nach Kärnten floh, kurz darauf festgenommen und zur Abdankung gezwungen wurde. Der Rest der Geschichte ist bekannt. Er, der die Grundlagen für das heutige Gesicht der einstigen Residenzstadt Salzburg schuf, verbrachte fünf Jahre bis zu seinem Tod als Gefangener auf der Festung Hohensalzburg. Doch zuvor waren die Begehrlichkeiten auf beiden Seiten groß und Maximilian I. von Bayern verfügte die Verdoppelung der Zölle auf Salzburger Waren. Wolf Dietrich, mit hohen Staatsausgaben konfrontiert, antwortete Anfang Oktober 1811 kurzerhand mit der Besetzung Berchtesgadens. Als er jedoch von der Münchner Gegenoffensive erfuhr, verlor er den Mut und flüchtete, während 20 000 bayerische Soldaten über Tittmoning nach Salzburg vorrückten.

Berchtesgaden wurde als ein Kloster der Augustiner Chorherren im Jahr 1102 erstmals urkundlich erwähnt. Es verdankt seinen Aufstieg dem Umstand, dass dem Stift Mitte des 12. Jahrhunderts eine umfassende Forsthoheit übertragen wurde, die auch das Schürfrecht auf Salz und Metalle beinhaltete. Zur wirtschaftlichen Hoheit kam kurz danach auch die politische, sodass die Stiftspröpste am Ende des 12. Jahrhunderts die geistliche und weltliche Macht innehatten. So waren Konflikte vorprogrammiert, weil Salzburg fortlaufend versuchte, diese Unabhängigkeit einzuschränken. Aber auch Bayern hatte ein gieriges Auge auf Berchtesgaden geworfen. Anders als oft angenommen, war Berchtesgaden jedoch nie Teil des Fürsterzbistums Salzburg. Erst nach Auflösung der Kirchenstaaten wurde die ehemalige Fürstpropstei Teil des Kurfürstentums Salzburgs unter Ferdinand von Toskana, was aber nur zwei Jahre Bestand hatte. Nach dem Frieden von Pressburg kam das Kurfürstentum mit Berchtesgaden zum Haus Österreich und wurde 1809 bayerisch. Während Salzburg 1816 endgültig Österreich einverleibt wurde, blieb Berchtesgaden bei Bayern und wurde 1972 im Zug einer großen Landkreisreform mit dem südlichen Teil des ehemaligen Landkreises Laufen zum Landkreis Berchtesgadener Land vereint. Dazu gehört auch Bad Reichenhall, übrigens die älteste Saline der Region und die einzige heute noch bestehende. Während die Römer am Untertage-Abbau des Salzes kein Interesse hatten, waren sie an der Ausbeutung der Reichenhaller Solequellen sehr wohl interessiert. Durch eine Schenkung des Bayernherzogs Theodo an den späteren Bischof Rupert wurde das Bistum Salzburg Dritteleigentümer an der Saline, die über einen Zeitraum von 500 Jahren als wichtigster Wirtschaftsstandort des Fürsterzbistums galt. Zwei Drittel der in Reichenhall verarbeiteten Sole kommen nach wie vor über eine 30 Kilometer lange Soleleitung aus Berchtesgaden.

Zurück auf der Roßfeld-Panoramastraße. Sie bietet vom Hahnenkamm einen unvergleichlichen Blick auf das Salzachtal und das sich nach Norden erstreckende Salzburger Becken. Aber nicht nur das, von der Straße aus ist das Purtschellerhaus unterhalb des Hohen Göll in nur einer Stunde erreichbar, und mehrere Aussichtsplätze protzen um die Wette, wer den schönsten Panoramablick in die eine wie in die andere Richtung hat.

Hauptstadt des Salzes und der Kelten

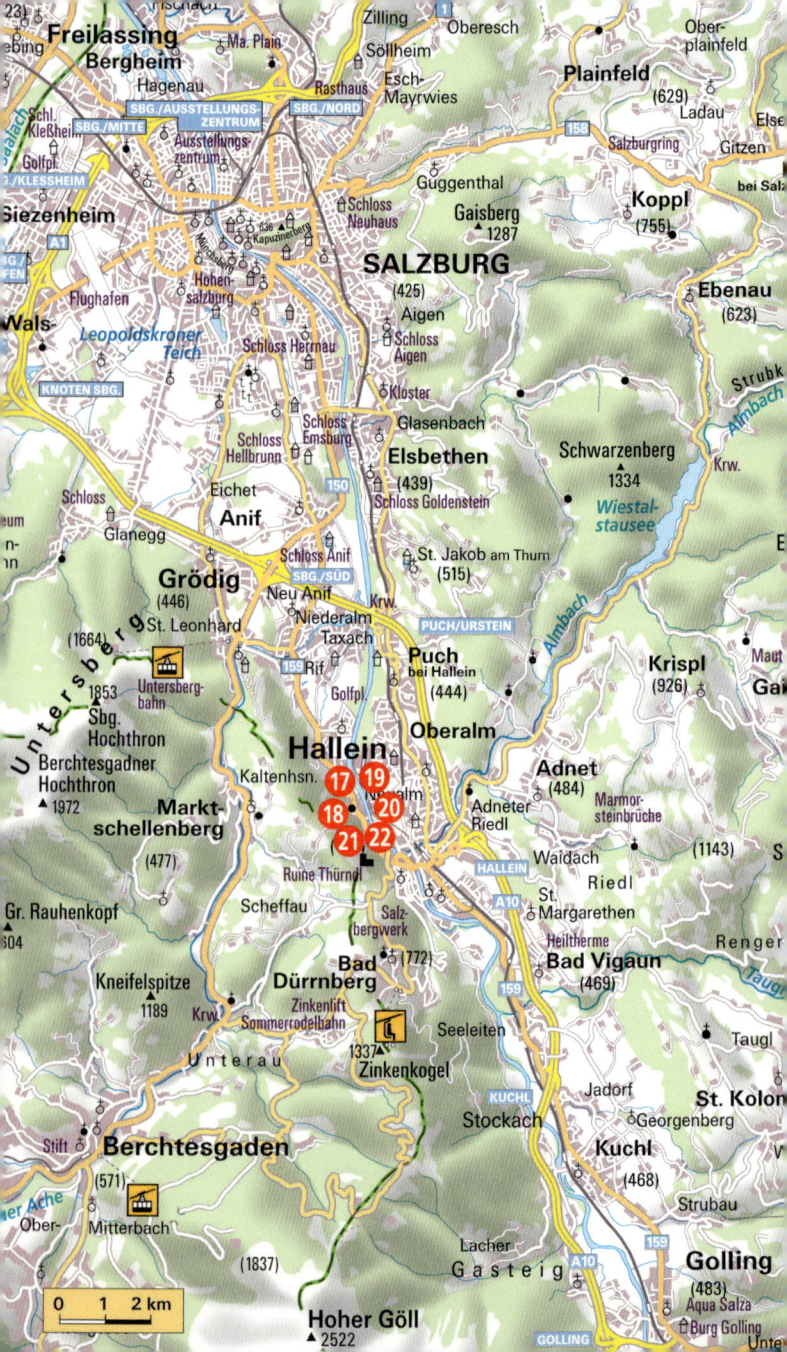

In und um Hallein

In Hallein wurde das Geld verdient, und in Salzburg wurde es ausgegeben. Zumindest für die Hochblüte des Salzbergbaus trifft man mit dieser Beschreibung voll ins Schwarze. Als Salzburg Kronland wurde, zählte es zu den industrieärmsten Ländern der gesamten Monarchie. Deshalb wurde der Industriestandort Hallein weiter ausgebaut. Außerdem wollte man nicht ausschließlich auf den Salzbergbau angewiesen sein. Auch heute ist Hallein immer noch der Industriestandort Nummer eins im Land, was auch die Statistik der Bevölkerungszahlen deutlich zum Ausdruck bringt. Von 1961 bis 2011 erhöhte sich die Einwohnerzahl der Tennengauer Bezirkshauptstadt um 6535, das ist ein Bevölkerungszuwachs um 32 Prozent. Dabei handelt es sich vorwiegend um den Zuzug von ausländischen Arbeitskräften aus dem ehemaligen Jugoslawien und aus der Türkei. Hallein ist zu einer multikulturell geprägten Stadt geworden – der einzigen im Bundesland. Zählt man die mittlerweile eingebürgerten Halleiner dazu, beträgt der Ausländeranteil – sie kommen aus über 80 Ländern – der Halleiner Bevölkerung etwa 25 Prozent. Das prägt auch die Altstadt und verleiht ihr ein Flair des Weltoffenen und Kosmopolitischen, was wiederum im spannenden Kontrast zu den geschlossenen Fassaden der für den Salzach-Inn-Stil typischen Bebauung steht.

Der Unterschied Halleins als zweitgrößte Gemeinde des Landes zu den anderen Bezirkshauptorten liegt nicht nur in der Einwohnerzahl begründet, sondern auch in der Tatsache, dass sie diejenige „Bezirksmetropole" ist, die am wenigsten durch den Tourismus geprägt wurde. Das erhöht auch den Charme der Altstadt, weil nicht jede Ecke und jeder Winkel touristisch relevant ausgeleuchtet wurden. Die Halleiner Altstadt wurde nicht geplant, sondern hat sich im Lauf der Jahrhunderte den jeweiligen Notwendigkeiten der industriellen Entwicklung entsprechend entwickelt. So sind zum Beispiel die meisten Plätze dort entstanden, wo früher die Sudpfannen aufgestellt waren.

Als nach dem Ende des Salzbergbaus und der Öffnung der Salzburger Festspiele für Spielstätten außerhalb der Stadt Salzburg Teile der ehemaligen Saline auf der Pernerinsel für Kultur- und Festspielveranstaltungen adaptiert wurden, brach auch in kultureller Hinsicht eine neue Ära an. Die Schul- und Industriestadt Hallein hat tatsächlich das Zeug, die modernste Stadt des Landes zu werden.

Im Europa des freien Personen-, Waren- und Dienstleistungsverkehrs ist es auch überhaupt kein Thema mehr, dass von den beiden Felsblöcken der Barmsteine nur die Ostseite des kleineren auf Halleiner, sprich auf salzburgischem und damit österreichischem Boden steht. Auf Wanderungen rund um Hallein gehören Grenzüberschreitungen im tatsächlichen Wortsinn zur Selbstverständlichkeit, sei es auf einer Tour über den Götschen oder auf den Zinkenkogel – und wie gesagt, selbst die Barmsteine sind weitgehend bayerisches Hoheitsgebiet. Dementsprechend wurde auch im Berginneren grenzüberschreitend Salz abgebaut, was über Jahrhunderte immer wieder Anlass zu Streitigkeiten gab. Nachdem Salzburg 1816 zu Österreich gekommen war, wurden die Besitzrechte des Königreichs Bayern an den Wäldern im Saalachtal, die der Saline Reichenhall gewidmet waren, von Österreich anerkannt. Da die Fürstpropstei Berchtesgaden, deren Rechte am Dürrnberg das Königreich Bayern schon vorher als Pfand erworben hatte, 1816 endgültig bei Bayern blieb, verknüpfte dieses die Frage der Saalforste erstmals mit der Frage des unterirdischen Salzabbaus auf bayerischem Gebiet. 1829 wurde der Vertrag unterzeichnet. Da die Streitigkeiten auch damit nicht restlos beseitigt werden konnten, kam es nach der Unterzeichnung

des Österreichischen Staatsvertrages im Mai 1955 zur Wiederaufnahme von Verhandlungen zwischen Bayern und Österreich, die zum sogenannten Münchner Abkommen vom 24. März 1957 führten. Darin wurden nach mehrfachen Gebietsbereinigungen die unwiderruflichen Eigentumsrechte Bayerns an den Saalforsten umfassend anerkannt. Der 1829 geschlossene Vertrag ist als „Salinenkonvention" in die Geschichte eingegangen und stellt den ältesten heute noch gültigen Staatsvertrag auf europäischem Boden dar.

17

Über den Götschen

Wo früher eine heiße Grenze verlief

- **Tourcharakter:** Halbtagestour
- **Ausgangs- und Endpunkt:** Hofbräuhaus Kaltenhausen
- **Weglänge:** 12 km
- **Gesamtdauer:** 4,5 h
- **Höhenunterschied:** 500 hm
- **Besonderheit:** Großzügige Ausblicke ins Salzachtal

Der Hohe Götschen ist mit dem Kleinen und Großen Barmstein der dritte im Bunde, über dessen Grat die österreichisch-deutsche Staatsgrenze zwischen Hallein und Hangendenstein verläuft. So bedeutungslos uns die Grenze heute erscheinen mag, so heiß war sie, als auf beiden Seiten kleine kirchliche Fürstentümer um die Vorherrschaft und vor allem um das begehrte Salz stritten. Sowohl die Ruine Gutrat am Nordende der Wanderung als auch die Ruine Thürndl im Süden lassen erahnen, wie wichtig die Oberhoheit über die Region war und wie mächtig der Schutz einer so wichtigen Stadt wie Hallein angelegt war.

Der Ausgangspunkt dieser Halbtageswanderung liegt beim nördlichen Parkplatz der Brauerei Kaltenhausen. Die ersten 100 Meter gehen wir auf dem sogenannten Bräumeisterweg, von dem nach ein paar Hundert Metern ein Steig abzweigt. Wenn der Steig wieder auf den Forstweg trifft, halten wir uns links, um nach wenigen Metern rechts in den Ascan-Konrad-Steig einzubiegen. Der erste Abschnitt geht durch einen feuchten Mischwald, der zweite über einen Höhenrücken bis zu einer Lichtung. Über den Weg Nr. 459 b kommen wir zu einem weiteren Forstweg und zur Abzweigung zum Großen Barmstein, der 851 Meter hoch ist und damit zehn Meter höher als der kleinere Bruder südwestlich davon. Da bei dieser Tour die Barmsteine nicht unser Ziel sind, lassen wir sie aber hinter uns liegen und gehen ein kurzes Stück in Richtung Ruine Thürndl. Diese war wohl ein Teil der Halleiner Stadtbefestigung. Wir kommen zu einer kleinen Brücke, bei der wir rechts abbiegen und anschließend der Beschilderung „Arnoweg" in nördlicher Richtung folgen. So passieren wir den Hohen Götschen (930 Meter) und gehen am Kamm der Staatsgrenze entlang weiter nach Nordwesten. Wo der Arnoweg nach links in Richtung Marktschellenberg abbiegt, wandern wir weiter geradeaus, machen nach einem halben Kilometer einen Bogen nach rechts und steuern auf die Ruine Gutrat zu, die die Fürsterzbischöfe seinerzeit zur Stärkung ihrer Macht im Salzachtal errichten ließen. Sie diente letztendlich auch zum Schutz der

Saline am Fuß des Tuval-Berges, auch Gutratsberg genannt. Als sich das Salzvorkommen erschöpfte und die Herren von Gutrat in Ungnade gefallen waren, wurde sie dem Verfall preisgegeben. Heute steht die 2004 restaurierte Burg in Privatbesitz. Von der Ruine geht es wieder auf dem Weg Nr. 459 zurück. Wir wandern in südlicher Richtung ins Tal hinab. Dabei kommen wir an einer Hubertuskapelle vorbei, und nach einem weiteren Kilometer erreichen wir die Bundesstraße, auf der wir zu unserem Ausgangspunkt bei der Brauerei zurückkehren. Zum Abschluss der Tour genehmigen wir uns im freundlichen Gastgarten des Braugasthofs Hofbräu Kaltenhausen ein frisch gezapftes „Kellerbier".

Im Braugasthof Kaltenhausen kredenzt man inmitten von Sudpfannen in historischem Ambiente frisch gebrautes Bier – begleitet von frisch zubereiteten Schmankerln aus der vielfach ausgezeichneten Küche oder vom Brotzeit-Buffet. Die alten Gewölbe bieten beste Voraussetzungen und ausreichend Platz für Feste und Feiern aller Art, für Konferenzen und Seminare. Täglich von 10 bis 23 Uhr geöffnet.

Braugasthof Hofbräu Kaltenhausen, Salzburger Str. 67
5400 Hallein, Tel. 06245/80-233
info@kaltenhausen.at, www.kaltenhausen.at

18

Bei den Barmsteinen

Wahrzeichen des Tennengaus

- **Tourcharakter:** Kurze Halbtagestour
- **Ausgangs- und Endpunkt:** Hofbräu Kaltenhausen
- **Weglänge:** 5 km
- **Gesamtdauer:** 2 h
- **Höhenunterschied:** 400 hm
- **Besonderheit:** Weiter Blick ins Salzachtal

Der Legende nach soll es ja der Leibhaftige gewesen sein, der aus dem ursprünglichen Stein zwei machte und sie durch eine Kluft trennte. Dass er sich durch einen Betwurm provozieren ließ und im Zorn an den Felswänden scharrte, bis die Steine sich lösten und ins Tal polterten, ist eine amüsante Geschichte. Noch dazu soll es ein Sonntag gewesen sein, den er nutzte, um sich die Sonne auf den Pelz scheinen zu lassen. Der Geruch des Weihrauchs, der von einer Prozession, denn genau das ist unter einem „Betwurm" zu verstehen, die in Richtung Oberalm zog, soll ihn in der Nase gekitzelt haben. Eine Unverträglichkeit gegenüber ätherischen Ölen kann schon zu Spontanreaktionen führen, was jeder Allergiker bestätigen wird. Vielleicht war es aber auch nur ein höllisches Niesen, das uns die Barmsteine, den größeren mit 851 und den kleineren mit 841 Metern, beschert hat. Jedenfalls gehören sie zur Silhouette des Tennengaus wie der Untersberg, der ihn zwar zu bewachen scheint, aber flächenmäßig nichts mit ihm zu schaffen hat. Das ist bei den Barmsteinen auch nicht viel anders, denn nur die Ostflanke des Kleinen steht auf Salzburger Boden, während alles andere zum großen Nachbarn gehört. Über die Geschichte des Schleimhaut reizenden Weihrauchs hinaus geben die Barmsteine noch ein weiteres Rätsel auf, denn durch Windlöcher strömt aus ihrem Inneren kalte Luft ins Tal. Von diesem Naturphänomen leitet sich der Name „Kaltenhausen" ab. Weil Bier nun mal kalt am besten schmeckt, und man für eine kühle Lagerung erfinderisch sein musste, wurden die Barmsteine und ihr kaltes, aus dem Felsen sprudelndes Quellwasser sogleich indirekt als Kühlhaus für die 1475 von Hans Elsenheimer gegründete Brauerei verwendet.

Deshalb liegt auch der Ausgangspunkt dieser kurzen Halbtagestour beim nördlichen Parkplatz des Bräustüberls in Kaltenhausen. So malerisch sie sich auch ins Landschaftsbild fügen mögen, als Berge haben es die Barmsteine durchaus in sich. Schon der Aufstieg kann zu einer Rutschpartie werden, vor allem wenn man dazu einen der Steige und nicht den „braven" Weg mit der Nummer 459 b wählt. Der kleinere der beiden „Stoa", deren Name vom keltischen „barme" für „Fels" abgeleitet ist, ist leichter zu besteigen als der größere Bruder. Über die 1885 errichtete Steiganlage ist das relativ leicht zu schaffen. Der Blick ins Salzachtal ist in jedem Fall mehr als erstaunlich. Für den Rückweg wählen wir den Weg Nr. 459, der zugleich ein Abschnitt des Arnoweges ist, und gehen in südlicher Richtung bis zur Ruine Thürndl, in die Stadt Hallein und weiter nach Kaltenhausen zurück.

19

Stadtspaziergang durch Hallein

Von Sudpfannen und Hohlkehlen

- **Tourcharakter:** Halbtagesausflug
- **Ausgangs- und Endpunkt:** Stadtbrücke, Hallein
- **Weglänge:** 2 km
- **Gesamtdauer:** 2 h
- **Besonderheit:** Historische Altstadt mit Ecken und Winkeln

Hallein ist anders. Wenn sich der Tennengau durch markante Unterschiede von den anderen Bezirken des Salzburger Landes abhebt, gilt dies im Besonderen für die Bezirkshauptstadt Hallein. In ihrem Kern, der historischen Altstadt, die sich im Lauf von acht Jahrhunderten zwischen Salzach und Dürrnberg entwickelt hat, zeigen sich deutliche Entwicklungsstufen bei Bau und Gestaltung der Häuser. Prägen den Rand der Altstadt

in den ältesten Siedlungsteilen eher kleine Häuser mit Satteldach, ragen an den zentralen Plätzen die für die Region typischen Häuser im Salzach-Inn-Stil in die Höhe. Sie zeichnen sich
durch hochgezogene Feuermauern, die unter dem Dach mit
einer Hohlkehle abschließen, sowie durch Grabendächer aus.
Diese Architektur hat durch ihre Geschlossenheit einen sehr
repräsentativen Charakter. Ein besonders auffallendes Beispiel
ist das Rathaus am Schöndorfer Platz, das höchstwahrscheinlich in der zweiten Hälfte des 16. Jahrhunderts entstanden ist.
Das Stadtrecht besitzt Hallein schon seit 1230, seit Mitte des
16. Jahrhunderts ist ein Stadtrat für die Geschicke der Kom-
mune verantwortlich. Dass eine Gesellschaft sich nur gemeinsam entwickeln kann, darauf nimmt der Spruch in der
Hohlkehle unter dem Rathausdach Bezug. „Was hier geschieht,
jeden geht's an, Gemeinsinn helfe mit daran." Ein früher Appell
zur Bürgerbeteiligung.

Als aus dem Ort Muelpach die Stadt Hallein wurde, hatten die
regierenden Bischöfe das Salzlager bereits für sich entdeckt.
Die neue Bedeutung des Ortes sollte sich auch im Namen
widerspiegeln. Deshalb wählte man das für das Salz stehende
keltische Wort „hal" und fügte eine Verkleinerungsform an:
das kleine Salzlager im Gegensatz zum bayerischen großen
Reichenhall. Die unmittelbare Lage am Fluss und geschicktes
Lavieren machten aus Hallein jedoch bald den erfolgreichen
Branchenführer in Sachen Salz und Salzhandel. Nach dem Abriss der Sudhäuser, in denen die im Durchmesser 15 bis 20 Meter messenden Sudpfannen untergebracht waren, sind Plätze
entstanden, die der ansonsten recht eng bebauten Halleiner
Altstadt ein fast südländisches Flair verleihen. Ein besonders
schönes Beispiel dafür ist der Bayrhamerplatz, auf den ein halbes Dutzend Gassen zulaufen.

Wir beginnen unseren Rundgang durch die Halleiner Altstadt bei der Stadtbrücke, auf der wir, von Osten kommend,
die Salzach und die Südspitze der Pernerinsel überqueren. In
westlicher Richtung gehen wir durch die Thunstraße auf den

Bayrhamerplatz zu und von dort weiter in die Griestorgasse, von der wir rechts in die Metzgergasse einbiegen. Am Kothbach entlang kommen wir zum Molnarplatz, dem ältesten Siedlungteil der Stadt, der dementsprechend noch von eher klein gehaltenen Giebelhäusern mit vorspringendem Satteldach geprägt ist. Dabei wandern wir auch am Griestor aus dem 14. Jahrhundert vorbei. Es ist das einzige erhalten gebliebene Stadttor. Vom Molnarplatz schlendern wir in südlicher Richtung zum Gampertorplatz. Hier stand einst das Tor, das den Weg nach Golling sicherte. Die Dorfmark Gamp war übrigens die einzige Gemarkung der späteren Stadtgemeinde Hallein, die im Güterverzeichnis von Bischof Arn eingetragen war. Ein kleines Stück gehen wir in südlicher Richtung weiter, bis wir die nächste Gabelung rechts nehmen, um dann linker Hand in die Krautgasse einzubiegen. Auf der Ferchlstraße erreichen wir in nördlicher Richtung die Stadtpfarr- und Dekanatskirche, deren Ursprünge auf das Jahr 1206 zurückgehen. Ende des 18. Jahrhunderts wurde sie in eine klassizistische Hallenkirche umgewandelt. Am Ende des Zweiten Weltkriegs wurde sie bei einem Brand erheblich zerstört; der Turm musste 1965 durch einen neuen ersetzt werden. Bei Renovierungsarbeiten 2005 stieß man auf ein Massengrab aus dem 16. Jahrhundert, wobei es sich höchstwahrscheinlich um den ersten dokumentierten Pestfriedhof im Land Salzburg handelt. Vis à vis der Kirche steht das Franz-Xaver-Gruber-Museum, davor liegt das Grab des Komponisten. Es ist nicht das einzige Grab, das vom ehemaligen Friedhof übrig geblieben ist. Schräg gegenüber am Hang liegt noch das Grab von Maria Theresia Zechnerin, der Gründerin der Halleiner Schulschwestern. Sie begannen 1723 damit, Mädchen aus ärmlichen Verhältnissen eine Ausbildung zukommen zu lassen.

Auf der Terrasse unterhalb der Pfarrkirche, die über die Pfarrgasse zu erreichen ist, wurde der Schöndorfer Platz angelegt, der zu den repräsentativsten Plätzen der Stadt zählt, und das nicht nur, weil auf der Westseite das Rathaus steht, in dem bis in die 1920er-Jahre auch das Stadttheater untergebracht war.

Über den Oberen und Unteren Markt kommen wir wieder zum Bayrhamerplatz zurück, an dem wir links in Richtung Kornsteinplatz einbiegen. Am Oberen Markt weist am Haus Nr. 83 eine Tafel darauf hin, dass das Erzstift St. Peter während der Zeit von 1938 bis 1945 hier seinen Amtssitz hatte. Es dürfte sich dabei um jenes Haus handeln, das bereits seit 1338 im Besitz des Klosters war und das 1704 komplett umgebaut wurde. 1825 wurde es dann jedoch verkauft. Am Unteren Markt erinnert eine Tafel an Gotthard Guggenmoos (1775–1838), einen heute nicht mehr bekannten Salzburger, der als Begründer der Heilpädagogik gilt. Er kümmerte sich insbesondere um „harthörige und schwer zugängige" Kinder und schaffte es nach Überwindung vieler Hürden, dass er 1829 mit dem Unterricht in der Salzburger Judengasse beginnen konnte. Nachdem ihm Gönner und Förderer abhandengekommen waren, wurde die „Sonderschule" jedoch bereits 1835 wieder geschlossen.

Weiter in Richtung Salzach kommen wir zum Schifferplatz, wo einst das Salz verladen wurde, ehe es flussabwärts in Richtung Inn und Donau transportiert wurde. Über den Lindorfer Platz, der nach der in Auschwitz ermordeten Kommunistin und Widerstandskämpferin Josefine Lindorfer benannt ist, und die Schiemerstraße erreichen wir den Pfannhauser Platz. Wir gehen über den Steg bis zum Mitte des 19. Jahrhunderts auf der Pernerinsel errichteten Salinengebäude, dessen übrig gebliebener Teil für kulturelle Zwecke verwendet wird. Neben Ausstellungen und Messen finden hier im Sommer Aufführungen der Salzburger Festspiele statt. Über die Mauttorpromenade kehren wir abschließend zum Ausgangspunkt bei der Stadtbrücke zurück. Die auffällig vielen Brunnen in der Halleiner Altstadt, meist Kastenbrunnen aus Adneter Marmor, hatten neben der Wasserversorgung eine weitere Funktion. In ihnen wurden die Weidenruten eingeweicht, die zum Binden der Salzfässer notwendig waren.

Kelten und Salz auf dem Dürrnberg

Prähistorischer Industriestandort in Bestlage

- **Tourcharakter:** Halbtagesausflug
- **Ausgangs- und Endpunkt:** Parkplatz Keltenmuseum, Hallein
- **Weglänge:** 1,5 km
- **Gesamtdauer:** 5 h
- **Höhenunterschied:** 300 hm
- **Besonderheit:** Im weltweit ältesten Schaubergwerk unterwegs

Der heute verbreitete Mythos um die Kelten beruht großteils auf dem Umstand, dass dieses aus einer Vielzahl von Stämmen bestehende Volk keine schriftlichen Aufzeichnungen hinterlassen hat, weil es den keltischen Priestern verboten war, etwas über die Kirche zu schreiben. Was wir heute über die Kelten wissen, ist ein Mosaik aus Deutungen ausgegrabener

Fundgegenstände und Überlieferungen von schriftlichen Aufzeichnungen anderer Kulturen über sie. Das Einzige, was die
verschiedenen Stämme einte, war ihre Sprache, die sich in einigen Regionen Europas als Altsprache rudimentär erhalten
hat. Als Beispiel seien das Bretonische in der Bretagne und das
Rätoromanische in den Tälern Südtirols und der Schweiz genannt. Auch die Frage, von wo die Kelten eigentlich herkamen,
bevor sie sich an Donau und Oberrhein und später in den Ost-
alpen niederließen, konnte bis heute nicht zweifelsfrei geklärt
werden. Wahrscheinlich ist davon auszugehen, dass sie sich
aus Stämmen der sogenannten Urnenfelderkultur weiterent-
wickelt haben. Diese Kulturen waren zwischen dem Pariser
Becken und Niederösterreich sowie zwischen dem spanischen
Nordosten und Oberitalien angesiedelt. Die frühe Periode der
Keltenzeit, die entwicklungsgeschichtlich in die Eisenzeit fällt,
ist nach Hallstatt benannt, die spätere nach La Tène, einem Ort
am Neuenburger See in der Schweiz. In Hallein haben sich die
Kelten um 700 v. Chr. angesiedelt und um 500 v. Chr. mit dem
Untertageabbau von Salz begonnen.

Wir starten unseren Ausflug im Keltenmuseum, das eine der bedeutendsten europäischen Sammlungen keltischer Kunst und
Kultur beheimatet. Das seit Kurzem ins Salzburg Museum inte-
grierte Haus ging aus dem 1882 gegründeten Stadtmuseum
hervor und ist heute im ehemaligen Amtsgebäude der Saline,
nach dem Sitz des Pflegers kurz auch „Pfleg" genannt, untergebracht. Mit der zukünftig engen Zusammenarbeit der beiden Museen ist das Original der 1932 entdeckten, über 2500
Jahre alte Schnabelkanne vom Dürrnberg vom Salzburger Mo-
zartplatz an den Pflegerplatz in Hallein übersiedelt. Ebenfalls
im Keltenmuseum untergebracht ist das 1985 gegründete Forschungszentrum, das mit der systematischen Erforschung der
Fundstätten und mit Aufgaben des Bodendenkmalschutzes
betraut ist. Darüber hinaus bietet das Museum Einblicke in die
historische Salzproduktion und zeigt dazu 80 Bilder des Malers
Benedict Werkstätter, die 1752 von Fürsterzbischof Sigismund
von Schrattenbach in Auftrag gegeben wurden. Die wirklichen

Ausmaße dieses größten Halleiner Gebäudes sind von der Salzachseite aus besonders eindrucksvoll wahrzunehmen.

Vom Keltenmuseum gehen wir über den Pflegerplatz und von der Ederstraße weiter auf den Bayrhamerplatz. Diesen überqueren wir in Richtung Unterer und Oberer Markt und erreichen somit die Stadtpfarrkirche und das Franz-Xaver-Gruber-Museum, das an die Entstehungs- und Erfolgsgeschichte des weltberühmten Weihnachtsliedes „Stille Nacht, Heilige Nacht" erinnert. Hinter der Kirche geht es durch die Färbertorgasse, an zwei Schulbauten vorbei, in Richtung Wald. Wir überqueren den Mühlbach, der dem Ort den früheren Namen gegeben hat. Beim Eingang zum Wolf-Dietrich-Stollen erinnern wir uns an seinen Erbauer und einen der größten Investoren in die Saline Hallein. Der auf Gewinn bedachte Fürsterzbischof ließ den Stollen im Zug der Industrialisierung des Salzbergbaus in den Dürrnberg treiben und erreichte zu Beginn des 17. Jahrhunderts ein Produktionsvolumen von 33 000 Tonnen Salz pro Jahr. Im Vergleich dazu wurden vor der endgültigen Stilllegung des Betriebs 1989 jährlich etwa 70 000 Tonnen produziert.

Nach dem Knappensteig, der es stellenweise durchaus in sich hat, erreichen wir die Dürrnbergstraße, überqueren diese und gelangen so auf den Lettenbühel. Zur Rechten sehen wir das rekonstruierte Keltendorf, wobei die Blockbauweise der Häuser eine frappante Ähnlichkeit mit den Almhütten unserer Zeit aufweist. Linker Hand befindet sich der Eingang zu den Salzwelten. Bevor wir jedoch ins Innere des Berges vordringen, statten wir der Wallfahrtskirche Maria Himmelfahrt noch einen Besuch ab. Auch dieser frühbarocke Kirchenbau geht auf Wolf Dietrich von Raitenau zurück, fertiggestellt wurde er jedoch erst unter Fürsterzbischof Markus Sittikus. Für die Gegend untypisch wurde die Kirche im Stil italienischer Saalbauten errichtet.

Nach dem Besuch der Salzwelten kehren wir entweder auf demselben Weg nach Hallein zurück oder wir nehmen den Linienbus.

21

Auf den Zinkenkogel hinauf

Grenzberg mit Weitblick

- **Tourcharakter:** Halbtageswanderung
- **Ausgangs- und Endpunkt:** Bad Dürrnberg, Parkplatz Talstation Zinkenlifte
- **Weglänge:** 5,5 km
- **Gesamtdauer:** 3 h
- **Höhenunterschied:** 500 hm
- **Besonderheit:** Abwechslungsreiche Tour für zwischendurch

Wenn vom Zinkenkogel die Rede ist, ist letztendlich die Berg-spitze des Dürrnbergs gemeint, der sich als Hochplateau mit Heilklima, famoser Aussicht und großer historischer Bedeutung präsentiert. Im Winter gibt sich der Zinkenkogel als kleines Skigebiet, im Sommer lädt er zu Wanderungen ein. Der Gipfelblick nach Süden geht zum Obersalzberg, wo sich Adolf Hitler eine zweite Reichskanzlei in den Alpen errichten ließ, und zum Kehlstein, auf dessen Gipfel Hitlers Teehaus Geschichte schrieb. Während das Teehaus erhalten blieb, wurden die Gebäude auf dem Obersalzberg von den US-amerikanischen Besatzungstruppen gesprengt. Das 1999 errichtete Dokumentationszentrum gibt einen informativen Abriss über die Geschichte von Hitlers Feriendomizil. Der Blick nach Norden zeigt das Salzburger Becken mit der Stadt Salzburg als Mittelpunkt.

Von der Talstation des Zinkenlifts gehen wir ein paar Schritte auf der Dürrnberger Landesstraße und biegen vis à vis der Infostelle links in eine ziemlich steile Asphaltstraße ein. Anschließend passieren wir den Grenzübergang Gmerk. Auf dem Wanderweg Nr. 12, bekannt auch als Wasserleitungsweg, geht es über eine steile Bergwiese aufwärts, bis wir anschließend in den Wald eintauchen. Wenn sich dieser Weg der Dürrnberger Landesstraße nähert, biegen wir links ab und stapfen ein weiteres Mal tapfer am Waldrand entlang hinauf, bis wir kurz vor der Bergstation links in den Alpinsteig Zinkenkogel einbiegen. Auch dieser Weg ist wie fast alle Gipfelanstiege steil, obwohl der Gipfel auf nur 1337 Meter liegt. Bei entsprechendem Wetter geht der Blick weit ins Berchtesgadener Land hinein, zum Untersberg und ins Salzburger Becken sowie ins Salzachtal bis zum Tennengebirge.

Der Rückweg führt vom Gipfel über einen Schlenker zur Bergstation des Lifts und von dort parallel zur Trasse über die Nordostseite des Zinken abwärts. Nach etwa vier Fünftel des Abstiegs stoßen wir auf einen Verbindungsweg, in den wir links einbiegen. Nach ein paar Hundert Metern kommen wir über einen Rechtsbogen zu unserem Ausgangspunkt zurück. Alternativ stehen der Lift oder die Sommerrodelbahn zur Verfügung.

22

Runde durch den Abtswald

Schöne Aussichten und historische Einblicke

- **Tourcharakter:** Halbtageswanderung
- **Ausgangs- und Endpunkt:** Bad Dürrnberg, Parkplatz Talstation Zinkenlift
- **Weglänge:** 10 km
- **Gesamtdauer:** 3,5 h
- **Höhenunterschied:** 300 hm
- **Besonderheit:** Panoramablick auf das Salzburger Becken

Nein, man hört ihre Gebete und Gesänge nicht mehr. Gemeint sind die heimlich im Abtswald abgehaltenen Gottesdienste der Halleiner Protestanten, zu denen vor allem auch die Bergknappen zählten. Sie waren die wichtigsten Multiplikatoren für die neuen Lehren Martin Luthers, um es in der heutigen Sprache zu sagen. Zum einen brachten auswärtige Bergleute die „neue Religion" ins Land, zum anderen standen die einheimischen Knappen Neuerungen generell aufgeschlossen gegenüber. Für die herrschenden Fürsterzbischöfe waren die Bergleute aus ökonomischer Sicht so wichtig, dass sie deren Sympathien für Luther zu tolerieren bereit waren. Dies allerdings nur unter der Voraussetzung, dass diese die Befehle der Obrigkeit ausführten und es zu keinem weiteren Aufruhr käme. Die heimlichen Zusammenkünfte im Abtswald stellten selbstverständlich einen drastischen Verstoß gegen die fürsterzbischöflichen Auflagen dar und Max Gandolf vergaß jegliche Toleranz und griff insbesondere gegen die Anführer der Protestanten im Land Salzburg hart durch. Einer von ihnen war der Halleiner Knappe Joseph Schaitberger (1658–1733), der gefangen genommen und anschließend des Landes verwiesen wurde. Schaitberger emigrierte wie auch viele andere Protestanten, die das Land verlassen mussten, in die fränkische Stadt Nürnberg. Über 70 protestantische Familien aus Hallein und Berchtesgaden verließen damals ihre Heimat und damit auch Haus und Hof. Als auch Familien ohne Ausweisungsbefehl heimlich das Land verließen, wollte Max Gandolf Gnade zeigen und sie zum Bleiben bewegen. Allerdings immer unter der Bedingung, sie müssten wieder katholisch werden. Schaitberger bestärkte die Protestanten wiederum, ihrem Glauben treu zu bleiben, was entweder die freiwillige oder zwangsweise Emigration zur Folge hatte. Besonders grausam war die Verfügung, dass alle Kinder unter 14 Jahren von den Eltern getrennt wurden und im Land bleiben mussten. Auch das Ehepaar Schaitberger durfte die beiden Töchter nicht ins Exil nach Nürnberg mitnehmen. Aus einem Brief aus dem Jahr 1701 geht hervor, dass der Vater seine Töchter bekniete, dennoch dem evangelischen Glauben treu zu bleiben.

Vom Parkplatz der Zinkenlift-Talstation wandern wir zuerst auf der Plaickstraße in südöstlicher Richtung, bis wir nach ein paar Hundert Metern links auf einen Kiesweg abbiegen und durch eine kleine Siedlung gehen. Am Schranken vorbei kommen wir über einen Wiesenweg zur 893 Meter hohen Raspenhöhe hinauf, die schon in einem Reiseführer durch das Berchtesgadener Land aus dem Jahr 1887 als besonderer Aussichtspunkt gepriesen wurde. Nördlich eines Wasserspeichers der Stadt Hallein liegt dann der Genusspunkt in Sachen Aussicht auf die Stadt Salzburg und das sie umgebende Becken. Anschließend orientieren wir uns in südwestlicher Richtung und an dem Hinweisschild „Hocheck". Auf dem sogenannten Protestantenweg kommen wir dabei am Hocheck vorbei, das mit der Beschreibung als „Logenplatz über dem Salzachtal" keinesfalls überbewertet ist. Wie das Salzburger Becken, so hat man auch die Barmsteine fest im Visier. Auf einem Abschnitt des Arnowegs geht es dann über den Predigtstuhl, unterhalb dessen sich die Protestanten seinerzeit heimlich zu Gottesdiensten trafen, und weiter südlich bis zur Truckenthannalm, die bereits im Ortsgebiet von Kuchl liegt. Über den Forstweg mit der Nummer 21 kommen wir nach Gschwand, von wo wir in nordöstlicher Richtung tief im Abtswald auf einer Forststraße über zwei große Kehren zum Hocheck und weiter nach Bad Dürrnstein zurückwandern.

Alles Salz ist neptunischen Ursprungs, was soviel heißt wie, dass alles Salz aus dem Wasser kommt. Damit ist Salz eine Grundlage unseres Lebens, für das Nervensystem ebenso wichtig wie für den Knochenaufbau. Der menschliche Organismus verbraucht täglich 3 bis 5 Gramm Salz, das über die verschiedenen Körperflüssigkeiten ausgeschieden wird. Um den Organismus funktionstüchtig zu halten und das Wohlbefinden zu sichern, ist die tägliche Aufnahme von mindestens 3 Gramm Salz notwendig. Bei extremer körperlicher Belastung kann sich diese Menge auch erhöhen. Ob vermehrter Salzkonsum, wie vielfach behauptet, tatsächlich zu erhöhtem Blutdruck führt, ist bis heute nicht hinreichend bewiesen. Fest steht jedoch, dass wir gewohnheitsmäßig eher zu viel Salz konsumieren. Außerdem stellt Salz neben Essig eine der frühesten Konservierungsmöglichkeiten von Lebensmitteln dar. Und es funktioniert denkbar einfach: Durch das Entziehen von Wasser geht den Mikroorganismen die Lebensgrundlage verloren. Da sich in salzhaltigem Wasser weniger Sauerstoff löst, wird das Leben der Bakterien zusätzlich erschwert.

Im Wasser der Weltmeere kommt Salz als das chemische Element Natriumchlorid (NaCl) in gelöster Form vor. Dabei findet sich der höchste Salzanteil im Roten Meer, der geringste in der Ostsee. Durchschnittlich beträgt der Salzanteil des Meerwassers 3 Prozent. Aber auch das Steinsalz, wie wir es aus den heimischen Salzbergwerken kennen, ist ursprüngliches Meersalz, stammt allerdings aus einer Zeit vor etwa 200 Millionen Jahren, als diese Meere austrockneten und der Meeresboden durch die Kontinentalverschiebungen zu Gebirgen aufgetürmt wurde. Wenn im Zusammenhang mit Salzlagerstätten vom Haselgebirge die Rede ist, wird heute damit kein eigenes Gestein mehr bezeichnet, sondern vielmehr der mineralogische

Aufbau eines Gebirges beschrieben. Das Haselgebirge in den Nördlichen Kalkalpen ist ein Mischgestein, das in der Hauptsache aus Tonmineralen, Sandstein, Steinsalz und Anhydrit besteht. Der Gehalt an Steinsalz schwankt dabei zwischen 10 und 70 Prozent.

Welch immense Bedeutung das Salz für das Leben hat, spiegelt sich ausdrucksstark in unserer Sprache wider. Wenn zwar etwas veraltet aber immer noch gültig, vom „Salär" die Rede ist, mischt das Salz mit, weil es früher auch üblich war, Lohn oder Sold in Form von Salz auszubezahlen. Jemandem die Suppe zu versalzen, bedeutete, sich ihm in den Weg zu stellen und seine Interessen zu durchkreuzen. Wer einem andern Salz in die Wunde reibt, weist ihn auf schmerzhafte Art und Weise auf Fehler und Unzulänglichkeiten hin. Die Redewendung *cum grano salis* geht vermutlich auf den römischen Schriftsteller Plinius den Älteren zurück, der über den Feldherrn Pompeius schrieb, dass er ein Mittel gegen Schlangengift gefunden habe und empfahl, bei der Einnahme des Mittels ein Salzkorn hinzuzufügen: *„addito salis grano"*. Ob das Salz das eingenommene Mittel in seiner Wirkung verstärken sollte oder ob Zweifel an der generellen Wirksamkeit bestanden, die durch das Salz hätten kompensiert werden sollen, ist allerdings nicht überliefert. *Cum grano salis* steht heute – salopp formuliert – für einen gewissen Unsicherheitsfaktor bzw. für das metaphorisch gerne eingesetzte Restrisiko. Mit jemandem Salz gegessen zu haben steht synonym für einen Menschen, den man gut zu kennen meint. Wenn Speisen weder Salz noch Schmalz haben, sind sie ebenso kraftlos wie gehaltlos zubereitet. Fehlt uns noch die Salzsäule, zu der wir sprichwörtlich erstarren, wenn wir vor Schrecken und Entsetzen unbeweglich werden. Dass das Verschütten von Salz Unglück und Streit bedeuten soll, geht darauf zurück, dass Salz ein kostbares Gut war, mit dem man behutsam umzugehen hatte, denn ohne Salz kein Leben. Darum durfte der Salzvorrat eines Haushalts früher nie nur in einem Fass allein abgefüllt sein.

Bellevue
über der Salzach

Auf und zwischen den Hügeln der Osterhorngruppe

Der sich südöstlich der Stadt Salzburg bis zum nördlichen Lammertal ziehende Gebirgszug der Osterhorngruppe zählt zu den Kalkvoralpen, auf dessen Kamm die Grenze zwischen Tennengau und Flachgau verläuft. Nur das eindrucksvolle Gamsfeld im Süden übersteigt die 2000-Meter-Marke. Alles in allem ist die Landschaft der Osterhorngruppe ein riesengroßes Naherholungsgebiet zwischen der Stadt Salzburg und Golling sowie dem Salzkammergut. Im Winter punkten einzelne „Angehörige" der Osterhorngruppe mit kleinen Familienskigebieten und feinen Skitouren-Routen. Im Sommer zeigt sich die gesamte Region als Inbegriff dessen, was Sommerfrische ausmacht: abwechslungsreiche und vielfältige Wanderwege sowie Bergtouren, zu denen die gesamte Familie aufbrechen kann. Die weiten Almgebiete auf der Postalm, dem Trattberg und dem Spielberg geben dieser Gebirgslandschaft etwas Mildes und Zahmes, das sich bestens für Kinder eignet, um mit der Bergwelt vertraut zu werden. Für Abwechslung sorgen Seen, Bäche, Klammen und das eine oder andere Naturschauspiel, das die Besonderheit des Gesteins der Osterhorngruppe in Verbindung mit Wasser aufzeigt. Gemeint sind die zahlreichen Höhlen, Schächte und Dolinen, die ein wenig Geheimnis in diese Bergwelt bringen. Zum einen, weil das Betreten der meisten Höhlen verboten ist, und zum anderen, weil das Höhlensystem in den Bergen keineswegs erschlossen ist. Auf den Gipfeln und Kämmen präsentieren sich die Osterhorn-Berge als Weltmeister in Sachen Aussicht, allen voran der Trattberg, von dem aus der Panoramablick vom Dachstein im Südosten über das Tennengebirge bis zum Hagengebirge und weiter zum Hohen Göll und zum Untersberg reicht. Aber auch der Alpbichl und das Wieserhörndl brauchen sich in Sachen Aussicht nicht zu verstecken.

23

Aufs Wieserhörndl

Eine kleine Bergwanderung für zwischendurch

- **Tourcharakter:** Leichte Halbtagestour
- **Ausgangs- und Endpunkt:** Gaißau, Ende der Mautstraße
- **Weglänge:** 4,5 km
- **Gesamtdauer:** 2 h
- **Höhenunterschied:** 350 hm
- **Besonderheit:** Blick auf Salzachtal und Untersberg

Das Wieserhörndl zählt zum Skigebiet Gaißau und ist bei Wanderern und Skitourengehern äußerst beliebt. Die Gegend geizt nicht mit offensichtlichen und versteckten Reizen. Wer sich nicht der Mühe des Nordanstiegs vom Hintersee aus unterziehen möchte und auf Lifttrassen bei Sommerwanderungen gerne verzichtet, sollte folgende Variante wählen: Schon die Anfahrt durch das Wiestal signalisiert „Ausflug", was sich auf der Mautstraße zur Spielbergalm hinauf dann noch fortsetzt. Um Bergluft zu schnuppern und der Lust auf leichtes Gebirge nachzugehen, eignet sich der Rundweg ums Wieserhörndl besonders gut.

Los geht's am Ende der Mautstraße. Nach der Kapelle machen wir, bevor wir in Richtung Spielbergalm gehen, einen kleinen Bogen nach Südosten. Bei der ersten Gabelung halten wir uns dann links. Gleich darauf kommen wir an einer Almhütte vorbei, nach der wir noch einmal links abbiegen. Unser Ziel ist der 1428 Meter hohe Spielberg, den wir über einen breiten Grasrücken erreichen. Anschließend geht's in eine Scharte hinab und auf dem Kamm durch den Wald in Richtung Wieserhörndl. Für den Abstieg orientieren wir uns am Weg Nr. 76. Von der Latschenalm, wo das Einkehren wegen der großen Sonnenterrasse besondere Freude macht, wandern wir über die Schotterstraße in westlicher Richtung unterhalb des Wieserhörndls zu unserem Ausgangspunkt zurück.

Die sonnige Panoramaterrasse vor der urig-gemütlichen Almhütte ist ein beliebtes Ausflugsziel auch für Familien und Senioren. Auf der Speisekarte finden sich neben regionalen Hüttenspezialitäten wie Kasnocken, Kaspressknödeln, Lammgerichten, Bauernkrapfen, Pofesen und Hollerprodukten auch saisonale Schmankerl. Geöffnet von Mitte Mai bis Ende Oktober, während des Sommers Mittwoch Ruhetag.

Latschenalm, Bergrestaurant Walkner GmbH, Nr. 49
5421 Krispl-Gaißau, Tel. 0664/10 50 37 1 oder 06240/547
angela.walkner@gmx.at, www.latschenalm.at

24

Schlenken und Schmittenstein

Erhaben über Höhlen und Schächten

- **Tourcharakter:** Halbtagestour
- **Ausgangs- und Endpunkt:** Parkplatz Zillreith, Krispl
- **Weglänge:** 11 km
- **Gesamtdauer:** 4 h
- **Höhenunterschied:** 700 hm
- **Besonderheit:** Zwei Gipfel im Doppelpack

Das wasserdurchlässige Kalkgestein der Osterhorngruppe, das sich überwiegend aus Oberalmer und Dachsteinkalk zusammensetzt, hat ein schier unergründliches System aus Höhlen und Schächten innerhalb der Berge entstehen lassen. In jedem Fall gilt: Zutritt verboten. Die meisten der Zugänge sind aber ohnedies nur schwer zu erreichen. Die Höhlen stehen in der Regel unter Naturschutz und dürfen nur von Berechtigten betreten werden. Wer hier einsteigt und sich nicht auskennt, begibt sich schnell in Lebensgefahr. Eine der größten dieser Höhlen ist die Schlenken-Durchgangshöhle mit einer Länge von 120 Metern. Sie öffnet sich am Fuß einer steilen Felswand und ist als Naturdenkmal ausgewiesen. Sie darf ebenfalls nicht betreten werden. Für die Besiedlungsgeschichte interessant sind Funde aus der Höhle, die belegen, dass in dieser Gegend schon während der Eiszeit Bärenjäger unterwegs gewesen sein müssen.

Der Ausgangspunkt dieser Bergtour mit zwei Gipfeln liegt auf dem Spumberg beim Zillreith-Parkplatz, der von Krispl aus erreichbar ist. Vom Parkplatz aus peilen wir die Halleiner Hütte an, biegen jedoch kurz davor rechts ab und wandern in einem südöstlichen Bogen nach Formau, um uns die Asphaltstraße bis zur Ferienhaussiedlung zu ersparen. Bei der Weggabelung nach den Ferienhäusern halten wir uns links und beginnen zügig mit dem Anstieg, der uns über die sogenannte Jagernasn teils über Wiesen und teils durch den Wald direkt zum 1648 Meter hohen Schlenken führt. Kurz vor dem Gipfel wird der Steig sehr schmal und es gibt auch eine ausgesetzte Stelle, die jedoch umgangen werden kann.

Da die beiden Gipfel kaum mehr als einen Kilometer voneinander entfernt sind, bietet es sich förmlich an, über den Verbindungskamm zum 1696 Meter hohen Schmittenstein weiterzugehen. Auch dieser Steig ist bis auf eine durch ein Seil gesicherte Stelle relativ einfach. Für den Rückweg wählen wir die Variante zur Schlenkenalm, von der wir in nordwestlicher Richtung zur Zillhütte kommen, in die wir gerne einkehren, um die Tour bei einem kräftigen Almpfandl ausklingen zu lassen. Anschließend geht es über Formau zum Ausgangspunkt zurück.

 Die Zillhütte am Fuß des Schlenken ist eine Almhütte wie aus dem Bilderbuch. Wer auf der Terrasse vor dem „Knusperhäuschen" sitzt, wird sich an dem grandiosen Blick über das Salzachtal in Richtung Hagengebirge kaum sattsehen können. Auf der Alm werden auch Tiere gehalten. Die solide Hausmannskost, allem voran das beliebte Almpfandl, stillt jeden Hunger. Und die ausgezeichneten Pofesen dürfen auch nicht fehlen. Geöffnet von Mitte Mai bis Mitte September.

Zillhütte, Spumberg 43, 5421 Adnet, Tel. 0664/10 29 601

25

Trattberg

Mit dem Rad auf die Karstflächen der Kalkvoralpen

- **Tourcharakter:** Kombinierte Rad- und Fußwanderung 🚲
- **Ausgangs- und Endpunkt:** Dorfplatz in St. Koloman
- **Weglänge:** 22 km
- **Gesamtdauer:** 3 h
- **Höhenunterschied:** 900 hm
- **Besonderheit:** Phänomenale Aussicht

Die Lichter sind in St. Koloman spät angegangen. Der kleine Ort auf dem Hochplateau über dem Salzachtal, der nordöstlich von Kuchl und südwestlich des Tauglbodens liegt, wurde als Letzter im Land Salzburg an das öffentliche Stromnetz angeschlossen. Für heutige Maßstäbe nahezu unvorstellbar, dass das erst gut 60 Jahre her ist. Zurückgeblieben ist die für den Tennengau relativ hoch gelegene Gemeinde deshalb aber keinesfalls. Ganz im Gegenteil meistert es St. Koloman sehr gut, den Herausforderungen kleinerer Gemeinden abseits der Hauptverkehrsrouten gerecht zu werden, um die dörfliche Infrastruktur aufrechtzuerhalten. Das Almgebiet auf dem Trattberg ist durchaus mit der Postalm zu vergleichen, wenn es auch flächenmäßig kleiner ist. Noch im frühen 19. Jahrhundert gab es hier bis zu 60 Almen. Heute sind nur mehr vier davon übrig.

Wer sich für die Entstehungsgeschichte des Tennengaus interessiert, wird am Gletscherschliff neben der Kolomaner Landesstraße haltmachen. Als während der Eiszeit vor etwa 20 000 Jahren eine 700 Meter dichte Eisschicht das Land bedeckte, hobelte der Gletscher den Felsuntergrund förmlich glatt. Durch den Abrieb des sich bewegenden Gletschers entstand eine natürliche Schleifpaste aus Sand, Schutt, Ton und Wasser, die auf die Steine wie eine Glanzpolitur wirkte.

Der Ausgangspunkt dieser Tour liegt auf dem Dorfplatz in St. Koloman. Wir verlassen den Ort in südlicher Richtung und radeln nach Wegscheid, wo wir links abbiegen. Danach geht's ein Stück weiter nach Süden, bis wir auf den Zimmereckwald stoßen und eine scharfe Biegung nach Osten machen. Anschließend geht es auf einer schmalen Straße, die in nordöstlicher Richtung durch einen Mischwald führt, zur Mautstation, die bereits auf 1070 Meter liegt. Nach ein paar Hundert Metern beginnt dann die richtige Tretarbeit, denn die folgenden sechs Kehren haben es mit einer durchschnittlichen Steigung von 12 Prozent ganz schön in sich. Hat man die knapp 400 Höhenmeter erst einmal hinter sich gebracht, wird die Trattberg-Panoramastraße ihrem Namen auch gerecht. Sie führt aus dem Wald und öffnet den Blick auf die umliegende Bergwelt. Von Südosten her winkt der Dachstein samt Gosaukamm, und westlich davon erstreckt sich das Tennengebirge. Südlich der Straße streckt sich die Gitschenwand hoch und nördlich erheben sich die Süd- und Ostabhänge des Trattbergs. Wir lassen das Fahrrad bei der Aussichtsstelle stehen und machen uns an einen etwa halbstündigen Aufstieg zu Fuß zum Gipfel des 1757 Meter hohen Trattberg. Die letzte Etappe mit dem Fahrrad führt uns bis zum Parkplatz vor den Almen. Rechter Hand geht es zum „Feuchten Keller", einem der Schächte auf dem karstigen Boden des Trattbergs, wie sie hier neben den Dolinen häufig anzutreffen sind. Zurück geht es bis zur Mautstation auf derselben Strecke. Nach der Mautstation orientieren wir uns an dem Hinweis „Sommerau" und kehren so von Norden auf den Dorfplatz von St. Koloman zurück.

26

Durch die Kertererschlucht

Im „Hinterland" von Kuchl und Golling

- **Tourcharakter:** Halbtagesausflug
- **Ausgangs- und Endpunkt:** Strubau, Parkplatz Wagnerwirt
- **Weglänge:** 9 km
- **Gesamtdauer:** 3 h
- **Höhenunterschied:** 400 hm
- **Besonderheit:** Klamm mit kleinen Wasserfällen

An der Westkante, wo der Gebirgszug der Osterhorngruppe zum Salzachtal abfällt, zeigt sich das Gestein dramatisch. Welche Formen das im Einzelnen annehmen kann, ist in der Kertererschlucht besonders augenscheinlich zu erleben. Der Kertererbach, der sich in Grubach mit dem Lienbach vereint, hat sich im Lauf der Zeit durch die oberen Gesteinsschichten gefräst, um dann auf einen undurchlässigen Stein zu stoßen. Das führte zu tiefen Einkerbungen, machte aber auch eine entsprechende Wildbachverbauung notwendig. So erlebt der Wanderer heute eine stellenweise wirklich finstere Schlucht, in der das Wasser über eingebaute Kaskaden und durch Wehrmauern je nach Jahreszeit fließt oder rauscht.

Der Ausgangspunkt für diesen Halbtagesausflug ist die zu Kuchl gehörende Ortschaft Strubau, die von der Salzachtal-Bundesstraße aus zu erreichen ist. Vom Parkplatz Wagnerwirt gehen wir zuerst in Richtung Kertererschlucht und biegen bei der ersten Gabelung nach rechts ab. Wir wandern etwa zwei Kilometer an einem Bach entlang, bis wir zu einer Wegkreuzung kommen. Dort halten wir uns links und orientieren uns am Wanderweg Nr. 35, auf dem wir über mehrere Kehren zu unserem ersten Etappenziel kommen. Vom Gasthof Hochreith führt uns der weitere Weg über einige Kehren bis nach Grubach. Schon auf den letzten Metern hat uns der Kertererbach begleitet. Mit ihm gemeinsam geht es jetzt über kleine Wasserfälle und an alten Mühlen vorbei durch die Schlucht. Von deren Ende kommen wir, wenn wir den Weg in westlicher Richtung fortsetzen, direkt zu unserem Ausgangspunkt zurück.

27

Über den Schöberlsteig zum Trattberg

Eine sportliche Herausforderung

- **Tourcharakter:** Halbtagestour
- **Ausgangs- und Endpunkt:** St. Koloman, Parkplatz „Wallinghütte"
- **Weglänge:** 9 km
- **Gesamtdauer:** 4,5 h
- **Höhenunterschied:** 700 hm
- **Besonderheit:** Trittsicherheit und Schwindelfreiheit erforderlich

Wie vielfältig und voller Überraschungen selbst die Mittel-
gebirgslandschaften des Salzburger Landes sind, stellt die Tour
vom Seewaldsee über den Schöberlsteig zum Trattberg hinauf eindrucksvoll unter Beweis. Der See mit seinem sumpfig-
moorigen Uferbereich bildet eine Einheit mit den rundherum
liegenden Streuwiesen, die schließlich in Weidematten über-
gehen und ihrerseits an den Wald grenzen. Dazwischen liegen die blanken Felswände der Trattberg-Osthänge und die

steil aufragende Gitschenwand. Auch der Anstieg zum Gipfel wechselt von Almmatten über Felder von Almrosen und Latschen bis zum Grasbewuchs, der sich fast bis zum Gipfel zieht. Der Trattberg ist außerdem einer der spannendsten Aussichtsberge in der Osterhorngruppe.

Zuerst gehen wir vom Parkplatz auf dem breiten Wirtschaftsweg in Richtung See. Bei der ersten Weggabelung halten wir uns links und sind damit auf dem Steig Nr. 81, der zuerst noch über Almgelände führt und nach den ersten einhundert Höhenmetern in Richtung Wald. Ab der Stelle, wo wir die steilen Ostabhänge des Trattbergs durchqueren, ist besonders bei Nässe Vorsicht geboten. Trittsicherheit und Schwindelfreiheit sind auf diesem Abschnitt hilfreiche Begleiter. Nach der Durchquerung erreichen wir die Mautstraße und auf ihr marschieren wir ein paar Hundert Meter in nordöstlicher Richtung weiter und biegen beim Parkplatz „Feuchter Keller" nach links zur Christlalm ab. Hier einzukehren, lohnt sich allein schon wegen der guten Stimmung, die durch die herzhaften Schmankerl wie den saftigen Bauernkrapfen zusätzlich angeheizt wird. Im Weiteren wandern wir über den Nordostgrat durch Almrosenfelder und abschließend auf einem steilen Grasrücken auf den 1757 Meter hohen Trattberg, der durch seinen Panoramablick besticht. In südwestlicher Richtung geht's zur Mautstraße zurück, die wir überqueren, um abschließend über mehrere Serpentinen links von der Gitschenwand bis zum Parkplatz abzusteigen.

Wer dem Lockruf auf den Trattberg folgt, wird auf der idyllisch gelegenen Alm, die am Ende der Trattberg-Panoramastraße auf 1500 Meter liegt, herzlich willkommen geheißen. Aus der Küche kommt deftige Hausmannskost mit Würstlsuppe und Bauernkrapfen. Fast noch wichtiger ist aber die Gaudi in und rund um die urige Hütt'n. Geöffnet Ende Mai bis Ende Oktober.

Christlalm, Hornstr. 88, 5423 St. Koloman
Tel. 0664/38 33 543, www.christl-alm.at

28

Rund um den Ameiseggberg

Vom See durch den Wald

- **Tourcharakter:** Halbtagesausflug
- **Ausgangs- und Endpunkt:** St. Koloman, Parkplatz Wallinghütte
- **Weglänge:** 9 km
- **Gesamtdauer:** 2,5 h
- **Höhenunterschied:** 100 hm
- **Besonderheit:** Leichte Familienwanderung

Fast überall im Land Salzburg können die Bewohner mit berechtigtem Stolz behaupten, „wir wohnen dort, wo die anderen Urlaub machen". Die unmittelbare Gegend um den Seewaldsee, der zum Gemeindegebiet von St. Koloman zählt, ist zwar keine Wohngegend, dafür ein ausgewiesenes Naturschutzgebiet und ein ausgesuchtes Plätzchen für erholsame Ausflüge und Wanderungen. Deshalb heißt das Motto hier: Wir wandern dort, wo andere Filme drehen, so wie Nicolas Cage, der hier 2006 unter der Regie von Dominic Sena die Hauptrolle in dem Film „Season of the Witch" spielte, dessen deutscher Titel „Der letzte Tempelritter" lautet. Die Geschichte ist im tiefsten Mittelalter zur Zeit der Pestepidemien angesiedelt. Als Drehort für Gegenden, die unheimlich wirken sollen, wo Zwischenwesen wie Feen, Geister, Kobolde und eben auch Hexen zu Hause sind, könnte der Seewaldsee durch die moorige und waldige Umgebung tatsächlich Karriere machen. Der auf 1074 Meter liegende See ist schnell umrundet. Würde man es dabei belassen, prellte man sich selbst jedoch um die zweite Hälfte des Wandererlebnisses.

Ausgangspunkt dieser moderat Nachmittagswanderung ist der Parkplatz Wallinghütte. Von dort gehen wir in östlicher Richtung auf einem breiten Wirtschaftsweg in Richtung See und anschließend an seinem Nordufer entlang. Wenn sich am Ostufer der Weg gabelt, zweigen wir nach rechts auf einen Forstweg ab, wandern zuerst in östlicher Richtung weiter und halten uns dann in südlicher Richtung, bis wir nach fast zwei Kilometern eine weitere Gablung erreichen, an der wir rechts abbiegen. Die weitere Umrundung des 1351 Meter hohen Ameiseggbergs setzt sich jetzt in westlicher und schließlich in nordwestlicher Richtung fort, bis wir bei der Seewaldalm wieder in Ufernähe kommen. Um zum Ausgangspunkt zurückzukehren, biegen wir links in den Seerundweg ein.

29

Zwischen Alpbichl und Moosangerlalm

Im Süden der Kalkvoralpen

- **Tourcharakter:** Tagestour
- **Ausgangs- und Endpunkt:** Abtenau, Aubachfall, Parkplatz
- **Weglänge:** 11,5 km
- **Gesamtdauer:** 6 h
- **Höhenunterschied:** 900 hm
- **Besonderheit:** Aussichtsberg Alpbichl

Es ist eine Frage des persönlichen Geschmacks, ob man als Ausgangspunkt für diese abwechslungsreiche Wanderung den Parkplatz „Feuchter Keller" am Ende der Trattberg-Mautstraße wählt oder sich für den Zugang vom Lammertal aus entscheidet. Die Lammertal-Variante hat den Vorteil, dass es – wie unten beschrieben – Steigungen fast nur auf der ersten Etappe bis zur Moosangerlalm gibt.

Zu Beginn dieser Tagestour geht's in der Ortschaft Voglau vom Parkplatz beim Aubachfall ein kurzes Stück entlang des Aubaches, ehe wir auf den Weg Nr. 16 abbiegen und den Aubach überqueren. Anschließend wandern wir zwar weiter dem Aubach entlang, diesmal aber auf der linken Seite des Baches.

Nach einem guten halben Kilometer haben wir den March-graben erreicht, durch den bis zur Freithöflhütte ein Forstweg führt. Stetig ansteigend setzt sich der Wanderweg zuerst über ein paar Kehren und anschließend durch den Wieslergrund fort. Von der Riedlbachhöhle bis zur Wiesleralm und weiter zur urigen Moosangerlalm nimmt die Steigung dann noch einmal etwas zu. Nachdem wir uns in der sympathischen Almhütte mit einer kräftigen Portion Kasnocken gestärkt haben, setzen wir die Wanderung fort. Die zweite Etappe der Tour führt dann in Nord-Süd-Richtung über weite Almflächen an Hochwies-kopf und Hochbühel vorbei, zuerst aber stehen wir nach etwa einem Drittel des Weges am sogenannten Schiachen Loch, einer durch Auswaschungen entstandenen Doline. Eine Do-line ist eine schlot- oder trichterförmige Senke, die meist ei-nen elliptischen Grundriss hat und vom Durchmesser her 2 bis 200 Meter groß sein kann. „Schiach" heißt so viel wie hässlich, wobei die Frage offen bleiben muss, was als schiach empfun-den wurde. Nach zwei Drittel des Weges biegen wir nach der Alpbichlalm auf den Weg Nr. 16 a ab, um zu der auf 1477 Meter liegenden Alpbichl-Aussicht zu gelangen: unten das Lammer-tal, südlich dahinter das Tennengebirge und westwärts reicht der Blick ins Salzachtal.

Die Moosangerlalm liegt inmitten eines wunderschö-nen Karstgebietes auf dem Trattberg. Für das leibli-che Wohl gibt es solide Hausmannskost wie selbst gemachte Fleischkrapfen mit Sauerkraut, Kasnocken und ver-schiedene Knödel. Die zünftige Brettljause besteht aus selbst geräuchertem Speck und heimischem Käse. Die Zwetschken-pofesen und der frische ausgezogene Apfelstrudel schmecken himmlisch. Geöffnet von Juni bis Oktober, Freitag Ruhetag.

Moosangerlalm, Tauglstraße 137, 5423 St. Koloman
Tel. 06241/310 oder 0664/98 67 763
doris.filipits@salzburg.co.at, www.moosangerlalm.com

30

Zwischen Regenspitz und Hohem First

Kammwanderung

- ◼ **Tourcharakter:** Halbtagestour
- ◼ **Ausgangs- und Endpunkt:** Trattbergstraße, Parkplatz „Feuchter Keller"
- ◼ **Weglänge:** 10 km
- ◼ **Gesamtdauer:** 3,5 h
- ◼ **Höhenunterschied:** 300 hm
- ◼ **Besonderheit:** Rundwanderung mit sehr viel Aussicht

Der sich von Ebenau in südöstlicher Richtung erstreckende Hauptkamm der Osterhorngruppe zählt zwar nicht zum Hochgebirge, aber die einzelnen Gipfel liegen immerhin auf einer Höhe von zumeist über 1700 Meter. Das gibt nicht nur eine großzügige Sicht auf die Berge der näheren Umgebung frei, sondern auch auf das Alpenpanorama ringsherum.

Ausgangspunkt dieser Tour ist der Parkplatz „Feuchter Keller" am Ende der Trattberg-Mautstraße. Zuerst gehen wir in nordöstlicher Richtung über die ausgedehnten Almflächen zwischen Wimmer-, Hintertrattberg- und Moosangerlalm und halten uns an den Wegweiser zum Gruberhorn. Nach etwa einem Dreiviertelkilometer kommen wir zu einer Weggabelung, an der wir rechts abbiegen. Auf dem Weg Nr. 842 erreichen wir mit dem Hohen First (1718 Meter) den ersten Gipfel dieser Tour. Der nächste ist der 1697 Meter hohe Dürlstein, und dann kommt bereits das bis zum Gipfel mit Latschen bewachsene Gruberhorn mit einer Höhe von 1732 Metern, das auch von Hintersee aus erreichbar ist, schließlich verläuft die Bezirksgrenze am Kamm entlang. Der Weg vom Dürlstein läuft direkt auf den Gipfel des Gruberhorns zu. Der Weg zwischen Gruberhorn und Regenspitz ist stellenweise etwas anstrengend, dafür geht es danach gleich 400 Höhenmeter abwärts zur Bergalm Neureithütte, womit das erste Etappenziel erreicht ist. Nach einer kräftigen Speckjause und den unwiderstehlichen Pofesen setzen wir unsere Wanderung fort. Die zweite Tourenstrecke, der sogenannte Reinsbergsteig, verläuft auf der Westseite des Kamms und öffnet einen interessanten Blick auf den Kessel um den Tauglboden, dessen Rand durch eine Vielzahl von Gräben und Riedel strukturiert ist. Unser Weg führt zuerst am Kalmerriedel vorbei, daran schließt sich der Ochsenriedel an und schließlich nördlich des Frunstbergs der Schafkessel. Bei der Weggabelung biegen wir rechts ab und erreichen so wieder unseren Ausgangspunkt beim Parkplatz „Feuchter Keller".

 Die Bergalm-Neureithütte liegt im Herzen der Osterhorngruppe. Hier kommen hauptsächlich selbst gemachte Produkte wie Käse, Speck und Brot auf den Teller. Darüber hinaus stehen Kaspressknödel, Suppentopf, frische Pofesen und Strudel auf der Speisekarte. Selbstverständlich fehlt auch der Birnenschnaps nicht. Für die ganz jungen Wanderer gibt es einen Kinderspielplatz mit Trampolin. Geöffnet von Anfang Juni bis Ende Oktober.

Bergalm-Neureithütte, Neureitweg 36, 5423 St. Koloman
Tel. 0664/44 13 012 oder 06241/323
oberneureit@gmx.at

Die Salzburger Dialektlandschaft ist mindestens so vielfältig wie die der Gebirge. Anders als die Berge, die einem andauernden Veränderungsprozess unterworfen sind, muss der Dialekt um seinen Fortbestand kämpfen. Die jährlichen Zentimeter, die von den Bergspitzen durch Verwitterung abgetragen werden, werden durch das „Nachwachsen" von unten ausgeglichen, da der Druck der Kontinentalplatten immer noch marginal anhält. Der Dialekt hingegen ist vom Aussterben bedroht, sodass Bestandssicherung das Gebot der Stunde ist, um von jenem längst verlassenen Haus der aufgebahrten Dörfersprache wenigstens die Fundamente zu retten und die Steine zu schlichten.

August Rettenbacher, 1911 in St. Koloman geboren und 1999 in Niedernsill verstorben, konnte nicht zuschauen, wie der Dialekt ab den 1960er-Jahren an Renommee verlor und zu verschwinden drohte. Bereits 1972 gründete er gemeinsam mit Max Faistauer aus Lofer und dem Stadt-Salzburger Erwin Rutzinger den Arbeitskreis Regionale Sprache und Literatur im Salzburger Bildungswerk, der sich für den Dialekt stark macht. Der Lehrer, Archivar und Schriftsteller hat im alten Schulhaus in der Taugl, wie man zu St. Koloman früher sagte, im heutigen Heimatmuseum des Dorfes einen Raum mit historischen Gegenständen einrichten lassen und ein Mundartarchiv gegründet. Es trägt seit 1994 offiziell den Namen August-Rettenbacher-Mundartarchiv. „Wer die Taugl derlebt hot", heißt es an einer Stelle, „kimmt davon nimmer lous: Sie is, wi en Kindl der Mutter ihr Schouß."

Trotz der starken Verbundenheit Rettenbachers mit seiner ursprünglichen Heimat, einer dem schnellen Fluss der Zeit entrückten Gegend inmitten der Osterhorngruppe und auf einem Plateau über dem Salzachtal gelegen, verließ er sie, um salzachaufwärts in Niedernsill eine zweite Heimat zu finden. In Barbara

Höllwerth, einer Lehrerin aus Pfarrwerfen, fand er nach dem Tod seiner ersten Frau nicht nur eine neue Lebenspartnerin, sondern auch eine Seelenverwandte in Sachen Dialekt. Ihr Lebenswerk stellte heute institutionell das Tauriska Mundartarchiv des Niedernsiller Kulturvereins Schatztruhe dar.

Zum 100. Geburtstag von August Rettenbacher wurde in St. Koloman im Herbst 2011 der Taugler Mundartkreuzweg geschaffen. Seine einzelnen Stationen sind auf einem 3 Kilometer langen Rundweg vom Dorfzentrum in südwestlicher Richtung zur Wegscheid und zurück über Hohenau aufgestellt. Die Bildtafeln wurden von der Malerin Edith Moser geschaffen, die Texte stammen von August Rettenbacher, in dessen literarischem Schaffen die Passionsgeschichte eine zentrale Rolle gespielt hat. Edith Moser flüchtete mit ihren Eltern 1944 aus Ungarn und wurde schließlich in St. Koloman ansässig, wo sie sich zuerst mit der Bauernmalerei beschäftigte und nach und nach zur Ikonenmalerei wechselte.

An der letzten Kreuzwegstation heißt es: „A Felsnhöhln, a letzte Gab, a schmale Stiagn, a stoaners Grab. Hast mittragn inser Schuld und Sünd, und auf dein Kreuz hast d'Liab verkündt."

Die Umarmung des Tennengebirges

Das Lammertal von unten nach oben

Was wäre der Tennengau ohne das Lammertal? Die einfache Antwort: das Salzachtal zwischen den Gemeindegebieten Golling und Hallein. Die verkehrstechnische Antwort, zumindest aus historischer Sicht, gestaltet sich schon etwas schwieriger. Zwischen Inner- und Außergebirg gäbe es nur eine Verbindung und die führt über den Pass Lueg. Spätestens seit Inbetriebnahme der Tauernautobahn ist das jedoch alles Historie. Sowie auch die über Jahrhunderte währende Zugehörigkeit des Lammertals zum Pongau längst Geschichte ist. Als der Tennengau 1896 mit Hallein als Bezirkshauptstadt festgelegt wurde, verblieb das Lammertal südlich vom Schoberberg, der die Wasserscheide zwischen Lammer und Enns darstellt, beim Pongau. Der Ursprung der Lammer, die dem Tal den Namen gab, liegt demnach im Pongau, denn die Bezirksgrenze verläuft zwischen Lungötz und St. Martin und zieht sich noch vor der Ortschaft Lammertal in nordwestlicher Richtung auf das Plateau des Tennengebirges hinauf. Diese Grenze verläuft weiter über Bleikogel, Scheiblingkogel und zum Südlichen Wieselstein im Westen oberhalb des Pass Lueg.

Weil die Kelten ausschließlich am Salz und die Römer an den Verkehrswegen entlang der Salzach interessiert waren, blieb das Lammertal bis ins Mittelalter *Terra incognita*. Unten eine Fluss- und Auenlandschaft, in der Mitte dichte dunkle Wälder und oben eine unzugängliche, weil schroffe und zerklüftete Bergwelt, aus der eine Unzahl von Bächen ins Tal strömte. Namen wie „Weitenau" für Abtenau und „Zimmerau" für Annaberg scheinen aus dieser Zeit zu stammen. Alles in allem eine eher unwirtliche Gegend, die jedoch ab dem Spätmittelalter besiedelt war. Die regierenden Fürsterzbischöfe teilten die Gegend zwischen der Erzabtei St. Peter und dem Domkapitel auf. Die enge Verbindung zwischen dem Benediktinerkloster und dem Lammertal hat sich bis auf den heutigen Tag erhalten.

Wer bei Golling nach Osten ins Lammertal abbiegt, kommt zuerst nach Scheffau, wo sich die Lammer an der Grenze zu Abtenau durch eine an der engsten Stelle kaum einen Meter breite Klamm zwängen muss. Danach weitet sich das Tal, in dem sich die Marktgemeinde Abtenau – flächenmäßig eine der größeren Gemeinden im Land Salzburg – ausbreitet. Anschließend fließt die Lammer nach Süden, und ostwärts geht es weiter bis Rußbach und zum Pass Gschütt auf 957 Meter, über den die Landesgrenze zwischen Salzburg und Oberösterreich verläuft und die Straße weiter ins innere Salzkammergut führt. Südöstlich liegt dann die Gemeinde Annaberg-Lungötz, die als solche nach der Zusammenlegung der beiden Ortschaften erst seit 1991 besteht.

Heute wird das Lammertal neben der Holz- und Landwirtschaft vor allem durch den Tourismus geprägt, weil es durch die Verschiedenheit der Gebirgszüge von den milden Hängen der Osterhorngruppe über das scheinbar unnahbare Tennengebirge bis zur zerklüfteten Steinwelt des Gosaukamms ein fast unendliches Netz an Wegen für Wanderer und Radfahrer aufweist.

31

Scheffau und die Lammeröfen

Dramatische Ouverture

- **Tourcharakter:** Radtour
- **Ausgangs- und Endpunkt:** Golling
- **Weglänge:** 24 km
- **Gesamtdauer:** 3 h
- **Höhenunterschied:** 100 hm, bis zum Winnerfall 300 hm
- **Besonderheit:** Flussradweg

Ehe die insgesamt 41 Kilometer lange Lammer, die im südöstlichen Tennengebirge unterhalb des 2321 Meter hohen Eiskogel entspringt, das südliche Salzburger Becken erreicht, zeigt sie sich von einer besonders dramatischen Seite. Gemeint ist die Lammerklamm, auch als Lammeröfen bekannt, die an der engsten Stelle kaum einen Meter breit ist. Die etwa einen Kilometer lange Klamm ist bis zu 60 Meter tief und kann durch Stege, die erstmals 1884 auf Anregung der Marktgemeinde Golling angelegt wurden, begangen werden. Der nördlichste Teil wird auch die „dunkle Klamm" genannt, weil sie nach oben durch eine Gesteinsdecke geschlossen ist. Interessant sind die an der Wand angebrachten Hochwassermarken, die eine Vorstellung davon geben, wie hoch die Lammer anschwellen kann. In ruhigeren Wetterzeiten und bei „normalem" Wasserlauf sind in den Lammeröfen auch Rafter unterwegs. Holz wird dagegen schon seit den 1920er-Jahren nicht mehr durch die Klamm, die seit 1978 unter Denkmalschutz steht, getriftet.

Selbstverständlich gibt es neben dem Eingang zur Klamm einen Parkplatz an der Landesstraße. Viel spannender ist es jedoch, den Besuch der Salzachöfen mit einer Radtour der Lammer entlang zu verbinden. Der ziemlich neu angelegte

Radweg ist bislang allerdings ein eher kurzes Vergnügen. Er führt von Golling 6,5 Kilometer flussaufwärts bis Unterscheffau und auf einem Wanderweg entlang der Lammer bis Oberscheffau und zu den Lammeröfen. Sehr empfehlenswert ist diese Tour auch als kleiner Abstecher vom Tauernradweg. Deshalb fahren wir von Golling auf dem Tauernradweg die Salzach aufwärts, folgen dem Hinweisschild „Moartal" und orientieren uns an den Tauernradweg-Hinweisen, bis wir die Salzachtal-Bundesstraße erreichen. Dort biegen wir links ab, radeln bis zur sogenannten Brunner-Kreuzung und halten uns hier rechts. Bis zum Ortsende von Golling geht es ein kurzes Stück entlang der Lammertal-Bundesstraße, bis wir in der Ortschaft Weber den Anschluss zum Lammer-Radweg erreicht haben. Von dort radeln wir flussaufwärts auf der linken Seite der Lammer bis Oberscheffau. Hier überqueren wir den Fluss, stellen das Rad auf dem Parkplatz Schwarzenbachbrücke ab und wandern durch den Graben an der Kugelmühle vorbei bis zum Winnerfall. Nach diesem Abstecher fahren wir von Oberscheffau ein kurzes Stück auf einem Wanderweg bis zu den Lammeröfen. Auf der Rückfahrt machen wir in Scheffau Halt, um im Gasthof Pointwirt auf eine Jause einzukehren.

Der Gasthof Pointwirt in Scheffau am Tennengebirge ist ein traditionsreiches und familiär geführtes Haus in sonniger und ruhiger Lage. Im schattigen Gastgarten und in den gemütlichen Stüberln werden Gerichte der gutbürgerlichen Küche serviert, ergänzt durch heimische Spezialitäten. Idealer Ausgangspunkt für Wandertouren zu Fuß oder mit dem Fahrrad. 15 Zimmer mit Dusche/WC und Balkon.

Gasthof Pointwirt, Nr. 53, 5440 Scheffau am Tennengebirge
Tel. 06244/84 49
gasthof.pointwirt@sbg.at, www.pointwirt.at

32

Egelsee-Rundweg in Abtenau

Naturidylle vor mächtiger Kulisse

- ■ **Tourcharakter:** Halbtagesausflug
- ■ **Ausgangs- und Endpunkt:** Parkplatz Klosterhof, Abtenau
- ■ **Weglänge:** 6 km
- ■ **Gesamtdauer:** 2,5 h
- ■ **Höhenunterschied:** 50 hm
- ■ **Besonderheit:** Gemächliche Wanderung mit nur geringer Steigung

Wo immer man in Abtenau in Richtung Himmel schaut, winken die Berge zurück. Thront im Süden das Tennengebirge wie eine überdimensionale Meereswelle, leuchtet vom Osten die Bischofsmütze her und nördlich der Marktgemeinde steigen die Ausläufer der Osterhorngruppe in die Höhe. Egal, in welcher Richtung man die Route zum Egelsee wählt, einen Gebirgszug hat man dabei immer fest im Blick. Vielleicht strahlt der kleine Moorsee, seit 1971 zum Landschaftsschutzgebiet erklärt, auch deshalb so viel idyllische Atmosphäre aus, weil er inmitten von Wiesen und umgeben von Schilf und Bäumen liegt. Hier lohnt es sich, innezuhalten, Kraft zu tanken, die Enten und Libellen zu beobachten und, selbst wenn es abgedroschen klingt, die Seele baumeln zu lassen.

Der Ausgangspunkt dieser leichten Wanderung liegt beim Parkplatz Klosterhof, von dem wir links in eine Straße einbiegen und uns im Anschluss zweimal rechts halten. Wir bleiben auf der Straße bis wir nach etwa einem Kilometer zum Schrattenbauern kommen und kurz danach links abbiegen, um in nördlicher Richtung durch die Gemarkung Döllerhof zu spazieren. Auf einem leicht ansteigenden Wiesenweg kommen wir am Fuß des 910 Meter hohen Scheffenbichelkogel vorbei. Wir wandern bis zur Jausenstation Fliehof in nördlicher Richtung weiter und biegen dann zweimal kurz hintereinander links ab. Nach ein paar Hundert Metern in südöstlicher Richtung erreichen wir eine kleine Siedlung, in der wir uns bei der dritten Kreuzung rechts halten. Kurz darauf biegen wir noch einmal rechts ab und wandern in nördlicher Richtung auf einem Weg, teils durch Wiesen, bis wir auf die Abzweigung zum Egelsee treffen. Die Bezeichnung „See" mag vielleicht übertrieben klingen, aber das tut letztlich nichts zur Sache. Die Lage des kleinen Sees mit den Bäumen am Ufer macht ihn zu einem Naturidyll par excellence. Danach geht es in westlicher Richtung weiter bis zum Obweghof, wo wir nach links abbiegen, um in südlicher Richtung in den Markt zurückzuwandern. Auf diesem Weg kümmern wir uns um keine Abkürzungen, kommen am Schwimmbad vorbei und gehen anschließend in südöstlicher Richtung auf den Marktplatz und von dort weiter bis zu unserem Ausgangspunkt, dem Parkplatz beim Klosterhof. Dabei haben wir stets das Tennengebirge im Blick, das, wie schon gesagt, wie eine riesengroße und unendliche Welle auf Abtenau zuzurollen scheint.

33

Dachserfall und Tricklfall

Auch Quellen wandern

- **Tourcharakter:** Halbtageswanderung
- **Ausgangs- und Endpunkt:** Pflegerbrunnen im Zentrum von Abtenau
- **Weglänge:** 8 km
- **Gesamtdauer:** 3,5 h
- **Höhenunterschied:** 200 hm
- **Besonderheit:** Imposanter Blick in einen Quelltopf

Das Tennengebirge – seit 1982 unter Naturschutz gestellt – ist ein stark verkarsteter Gebirgsstock, der hauptsächlich aus Dachsteinkalk besteht und auf einem Sockel aus Ramsaudolomit aufliegt. Etwa die Hälfte des insgesamt 60 Quadratkilometer umfassenden Plateaus liegt auf einer Höhe von über 2000 Meter. Da der Gesteinsaufbau sehr wasserdurchlässig ist, gilt das Tennengebirge als ein eminent wichtiges Trinkwasserreservoir, das aus einer Reihe von Höhlen und Querverbindungen besteht, die in ihrer Vielzahl auch heute noch nicht alle erforscht sind. Dass dieses Höhlensystem einer steten Entwicklung und Veränderung unterworfen ist, können Wanderer am Beispiel der Tricklfallhöhle selbst beobachten.

Vom Pflegerbrunnen, der vor dem ehemaligen Pfleggericht steht, gehen wir auf einem schmalen Weg in südlicher Richtung, bis wir die Asphaltstraße erreichen, die in Richtung Au führt. Unsere erste Station ist das Heimatmuseum Arlerhof – ein bäuerliches Anwesen aus dem frühen 19. Jahrhundert. Nach dem Heimatmuseum wandern wir weiter in südlicher Richtung und halten uns an die Beschilderung „Kneippanlage". Anschließend geht es ein kurzes Stück zurück, um zweimal kurz hintereinander nach links abzubiegen und dann in Richtung Dachserfall zu wandern, wo das Wasser aus dem Felsen sprudelt. Vom Dachserfall führt ein Steig in nordwestlicher Richtung zur Tricklfallhöhle, einem Naturdenkmal, das höchstwahrscheinlich in einem ursächlichen Zusammenhang mit der darunterliegenden Quelle und dem anschließenden Wasserfall des Tricklbaches steht. Es wird davon ausgegangen, dass die Höhle einst der Quelltopf des Tricklbaches war, die nach dessen fortschreitender Einkerbung austrocknete. Offensichtlich ist die Quelle gewandert, das heißt, der Quelltopf hat sich etwas nach unten verlegt. Jedenfalls handelt es sich bei dem momentan etwas unterhalb der Höhle befindlichen Quelltopf um die zweitgrößte Karstquelle im Tennengebirge, aus der pro Sekunde 3000 Liter Wasser sprudeln. Anschließend wandern wir auf einem Steig in nördlicher Richtung zum Heimatmuseum zurück und kehren auf dem Weg im gemütlichen Gasthof Aumühle ein. Nach dem Gasthof biegen wir links ab und gehen zuerst in westlicher und ab Unternberg in nördlicher Richtung um den 913 Meter hohen Arlstein herum. Abschließend überqueren wir den Schwarzerbach und kehren ins Zentrum von Abtenau zurück.

Das Gasthaus Aumühle steht auf einem der ältesten Siedlungsplätze Abtenaus und am Wanderweg vom Heimatmuseum über den Dachserfall zur Tricklfallhöhle. Hier gibt es gutbürgerliche Küche und Hausmannskost, weshalb das Wiener Schnitzel selbstverständlich aus der Pfanne kommt. Die Küche ist durchgehend geöffnet, und wenn das Wetter passt, steht ein gemütlicher Gastgarten zur Verfügung – ideal auch für die Kaffeejause.

Gasthaus Aumühle, Unterberg 2, 5441 Abtenau
Tel. 0664/91 00 655

34

Rund um den Flichtlhofberg radeln

Zum Eingewöhnen

- **Tourcharakter:** Radtour 🚲
- **Ausgangs- und Endpunkt:** Abtenau, Heimatmuseum Arlerhof
- **Weglänge:** 13 km
- **Gesamtdauer:** 2 h
- **Höhenunterschied:** 300 hm
- **Besonderheit:** Alm, auf der die Zeit stehen geblieben ist

Wie der parallel verlaufende Roadberg so präsentiert sich auch der Flichtlhofberg als Ausläufer des Tennengebirges zur Lammer hin. Hier hat mit Ausnahme des einen oder anderen landwirtschaftlichen Betriebes kaum eine Besiedelung stattgefunden. Umso beliebter ist der Flichtlhofberg bei Wanderern und Radfahrern. Einzig der auf 1023 Meter liegende Hochsattel zieht Almbesucher in größerer Zahl an, was aber in der Natur der Dinge liegt, denn erstens wird hier weit und breit die einzige Almhütte betrieben und zweitens gewährt der Sattel einen begnadeten Blick in die mittlere Bergwelt rund um Abtenau.

Wir starten mit dieser Wanderung beim Heimatmuseum Arlerhof, das wir links hinter uns lassen, während wir anschließend auf dem Arlstein-Rundweg von Westen nach Norden radeln. Bei der Weggabelung halten wir uns links, kommen beim Erlaubauern vorbei und orientieren uns zuerst einmal am Wanderweg R 38. Bei der nächsten Gabelung biegen wir nicht in Richtung Seitenalm ab, sondern fahren links, zuerst nach Süden und dann nach Nordwesten. Nach einem guten Kilometer halten wir uns bei der nächsten Gabelung wieder links, wir sind inzwischen auf dem Weg Nr. R 39, und kommen so zur Rocheralm bzw. auf den Hochsattel hinauf und befinden uns damit auf einer Höhe von 1023 Metern. Ehe wir den Weg auf der Forststraße nach Norden fortsetzen, genießen wir die famose Aussicht auf das Massiv des Dachstein samt Gletscher. Der Weg auf der Forststraße nach Voglau führt meist durch den Wald. Wenn die Straße einen scharfen Bogen nach rechts macht, biegen auch wir scharf nach rechts ab und fahren – immer noch auf dem Weg R 39 – diesmal in südlicher Richtung am Flichtlhofberg entlang. Unser Ziel ist die Seitenalm, die wir nach 3,5 Kilometern gemächlichen Wanderns auf einem Almweg schließlich auch erreichen. Die im ursprünglichen Zustand erhalten gebliebene Alm ist der ideale Rastplatz, denn Zeit scheint hier nur eine untergeordnete Rolle zu spielen. Wir verlassen die Seitenalm anschließend in südöstlicher Richtung, biegen bei der nächsten Gabelung in Burkhart links ab und stoßen kurz darauf wieder auf den Rundweg um den Arlstein, den wir jetzt vollenden, indem wir zuerst in nördlicher Richtung und anschließend in südöstlicher zu unserem Ausgangspunkt am Parkplatz des Arlerhofes zurückkehren.

35

Mit dem Rad auf die Postalm

Ein Bilderbuch-Ausflug

- **Tourcharakter:** Radtour 🚲
- **Ausgangs- und Endpunkt:** Abtenau, Voglau
- **Weglänge:** 25 km (Voglau bis Postalm)
- **Gesamtdauer:** 3 h
- **Höhenunterschied:** 650 hm (Voglau bis Postalm)
- **Besonderheit:** Wechselnde Bergpanoramen

Ihren Namen hat die Postalm aus der Zeit, als Kaiser Franz Joseph I. die Sommerfrische in Bad Ischl verbrachte. Das machte Ischl nicht nur berühmt, sondern brachte auch ein erhöhtes Verkehrsaufkommen mit sich, wie wir heute sagen würden. Damals ging es um die Poststation und die Zahl der Pferde, die benötigt wurden. Den Sommer über kam ein Teil der Pferde – auch zur Sommerfrische – auf die Alm, die deshalb Postalm heißt. Die im Sommer 1988 eröffnete Postalmstraße trägt ihre Funktionsbezeichnung Panoramastraße völlig zu Recht, denn es ist nicht nur das gigantische Massiv des Dachstein samt Gletscher zu sehen, sondern auch der Gosaukamm mit Bischofsmütze, das Tennen- und Hagengebirge sowie der Untersberg. Von bestimmten Plätzen aus geht der Blick sogar bis zu den Hohen Tauern.

Wir starten in der Ortschaft Voglau und radeln zum Einstimmen ein Stück der Lammer entlang, ehe wir nach links abbiegen und über Thalgau und Gschwendt die ersten Höhenmeter sammeln. Vom Parkplatz Höhhäusl bis zur Sallawand kurz vor der Mautstation absolvieren wir den Abschnitt mit einem halben Dutzend Serpentinen. Die restlichen 200 Höhenmeter verteilen sich sehr gleichmäßig auf die weiteren vier Fünftel der Strecke. Der einzige Aspekt, der diese Radtour trüben konnte, sind an manchen Tagen Hundertschaften von Motorradfahrern. Um der Tour die Krone aufzusetzen, empfiehlt es sich, auf der anderen Seite bis Weißbach abzufahren, das Wasser des Wolfgangsees zu genießen und abgekühlt das Ganze in entgegengesetzter Richtung zu wiederholen. Davor zahlt es sich jedoch aus, im Almgasthaus zur Blonden Hütte eine Pause einzulegen und sich mit einer deftigen Brettljause zu stärken.

Im Almgasthaus zur Blonden Hütte einzukehren, heißt Rast machen in einer familiären Atmosphäre. Kulinarisch verwöhnt werden die Gäste mit hausgemachten Schmankerln, von der deftigen Almjause bis zum luftig-leichten Kaiserschmarren. Auf Vorbestellung gibt's auch Kasnocken, Schweinshaxen und Spareribs. Übernachtungsmöglichkeiten. Ganzjährig geöffnet.

Almgasthaus zur Blonden Hütte, Seidegg 81, 5440 Abtenau
Tel. 0664/46 35 759
blondehuette@postalm.at, www.blonde-huette.at

36

Schneckenwand-Rundweg

Am Strand des Gosaumeeres

- ■ **Tourcharakter:** Halbtageswanderung
- ■ **Ausgangs- und Endpunkt:** Rußbach, Gemeindeamt
- ■ **Weglänge:** 7 km
- ■ **Gesamtdauer:** 3 h
- ■ **Höhenunterschied:** 300 hm
- ■ **Besonderheit:** Eine Tour für zwischendurch

Die Kalkalpen als Korallenriffe, wie sie aus der Karibik oder vom Great Barrier Reef an der Ostküste Australiens bekannt sind – so in etwa hat man sich die Gebirgslandschaft von Dachstein, Gosaukamm sowie Tennen- und Hagengebirge vor rund 200 Millionen Jahren vorzustellen. Als diese Riffe 80 Millionen Jahre später erneut von einem Meer umspült wurden, entstand eine Meeresküste mit höchst unterschiedlichen Gesteinsablagerungen. Zu den anfänglichen groben Konglomeraten kamen über einen Zeitraum von 25 Millionen Jahren Sandsteine, Tone und Kalke hinzu. Diese besondere Formenvielfalt von Gesteinen samt den eingeschlossenen Lebewesen, die es sonst kaum irgendwo gibt, wird geologisch mit dem Fachbegriff „Gosauformation" beschrieben.

Wir starten zwischen dem Gebäude, in dem sich das Gemeindeamt und der Tourismusverband befinden, und der Kirche und gehen am Rinnbach entlang taleinwärts. Nach dem letzten Parkplatz biegen wir rechts ab und gehen über Wiesen bis zum letzten Bauernhof auf einem asphaltierten Weg. Rechts vom Haus des Fallenegg-Bauern biegen wir scharf rechts in einen Steig ab. Hier beginnt der Weg durch den Wald, der sich immer mehr in einen schmalen Steig verwandelt, bis wir schlussendlich zur sogenannten Schneckenwand kommen und uns damit auf einer Seehöhe von 1120 Metern befinden. Der Name der Schneckenwand leitet sich von den vielen Einschlüssen von Schnecken, Muscheln und anderen Meerestieren ab, die sich im Gestein an dieser Stelle finden. Die Fortsetzung des Weges führt über eine Forststraße. Kurz nachdem wir den Randobach überquert haben, biegen wir rechts ab und gehen am Bach entlang nach Rußbach zurück. Hier lohnt sich ein Blick über die Schulter und hinauf zum 2028 Meter hohen Gamsfeld, das eindrucksvoll seine Flanken zeigt. Wieder im Dorfzentrum, finden wir auf der Sonnenterrasse des Kirchenwirts einen gemütlichen Platz zum Entspannen und Genießen.

 Im Hotel-Restaurant Kirchenwirt werden Sie ganztägig mit warmen Speisen und hausgemachten Mehlspeisen verwöhnt. Neben Produkten vom Bauern wird Gutes aus Wäldern und Wiesen, Flüssen und Feldern köstlich zubereitet – ausgewogen und leicht. Die Sonnenterrasse ist ein beliebter Treffpunkt für Jung und Alt und bietet nach einer Wanderung noch den Ausblick auf das herrliche Bergpanorama inmitten der Wanderregion Dachstein-West.

Hotel-Restaurant Kirchenwirt***, Saag 150, 5442 Rußbach
Tel. 06242/440
info@kirchenwirt-russbach.at, www.kirchenwirt-russbach.at

37

Im Souterrain
des Tennengebirges unterwegs

Zum Auftakt durch den „Urwald"

- **Tourcharakter:** Halbtageswanderung
- **Ausgangs- und Endpunkt:** Lungötz, Lungötzer Hof
- **Weglänge:** 10 km
- **Gesamtdauer:** 3 h
- **Höhenunterschied:** 500 hm
- **Besonderheit:** Baumriesen

Um im Lammertal die Faszination des Waldes zu erleben, bedarf es keiner Extravaganzen. In dieser waldreichen Gegend zu wandern, ist an sich schon Erlebnis genug. Trotzdem kommt es nicht von ungefähr, dass im hintersten Teil des oberen Lammertals vermutlich auch noch Österreichs höchste Bäume stehen. Der sogenannte Lammertaler Wächter, es handelt sich um eine 50 Meter hohe Tanne, und die Alte Tax – eine Fichte – stechen dabei besonders heraus. Dass die Gegend ein günstiger Boden für Bäume ist, stellte das Tal insgesamt unter Beweis. Wenn zudem die großen, starken Exemplare der Buchen, Lärchen, Fichten und Tannen aus Schutzgründen von Gehöften und Ansiedlungen nicht geschlagen werden und die kleineren Exemplare verrotten dürfen und den großen Nahrung geben, dann entstehen Riesen. So einfach funktioniert Natur.

Wir starten in Lungötz und gehen entlang der jungen Lammer in westlicher Richtung taleinwärts. Auf den ersten hundert Metern kommen wir an einem Fitnessparcours vorbei und in der Ortschaft Lammer biegen wir nach dem Gasthof in Reith links ab und halten uns an das Hinweisschild „Lammertaler Urwald". Nach etwa 500 Metern leichten Bergaufwanderns biegen wir rechts zum Lehrpfad ab, der als Rundweg angelegt ist. Nach dem Auftakt mit den Riesenbäumen beginnt die richtige Wanderung, die uns zuerst zur Schöberlalm und anschließend auf einem längeren, nur mäßig abfallenden Alm- und Waldweg wieder Richtung Lammertal führt. Etwa auf der Mitte des Weges kommen wir nördlich am Höheneggkopf vorbei und nach zwei Serpentinen nehmen wir die erste Abzweigung nach links, kommen damit zur Seireralm, wo wir bei dem ausgewiesenen Energieplatz Rast machen und den Ort auf uns wirken lassen. Über Schoberberg und Merlegg kehren wir schließlich nach Lungötz zu unserem Ausgangspunkt zurück. Dass wir dabei teilweise auf Pongauer Boden unterwegs sind, liegt in der Natur der Dinge, denn das obere Lammertal verblieb 1805 beim Pongau.

38

Von Annaberg zum Berliner Kreuz

Annäherung ans Tennengebirge

- **Tourcharakter:** Tagestour
- **Ausgangs- und Endpunkt:** Parkplatz bei der Kopfbergbahn, Annaberg
- **Weglänge:** 14 km
- **Gesamtdauer:** 6,5 h
- **Höhenunterschied:** 900 hm
- **Besonderheit:** Ideal für einsames Wandern

Während die Annäherung an das Tennengebirge von der Abtenauer Seite überwiegend von der Bergstation der Karalm aus in Angriff genommen wird und entsprechend gut frequentiert ist, wähnt man sich auf der rückwärtigen Seite nicht nur allein auf weiter Flur, man ist es auch. Wer eben aus diesem Grund den Anstieg von Annaberg aus wählt, kommt voll auf seine Kosten.

Von der Talstation der Kopfbergbahn gehen wir zu Beginn unserer Tour ein paar Hundert Meter auf der Bundesstraße, bis wir zur Brücke über die Lammer kommen. Bei der ersten Gabelung biegen wir rechts ab und wandern am Fuß von Sillriedel und Lehenberg in Richtung Norden, bis der Weg bei der Kapelle in Lehen einen Bogen nach Westen macht. Er führt zum Gwechenberggut, einem Gehöft, dessen Ursprünge bis ins 13. Jahrhundert zurückreichen. Wir gehen zwischen den Wirtschaftsgebäuden hindurch und kommen kurz darauf zu einer Wegkreuzung, an der wir uns links halten. Damit befinden wir uns auf einem Abschnitt des Arnowegs, der abwechselnd über Almweiden und durch Wälder, an der Gwechenberghütte vorbei, bis zu den Gipfelanstiegen im östlichen Zipfel des Tennengebirges hinaufführt. Sonntagskogel, Tagweide, Großer und Kleiner Traunstein sowie der östlich vorgelagerte Schober sind dabei unsere Begleiter. Unser Ziel ist jedoch nicht der eine oder andere Gipfel, sondern das Berliner Kreuz auf 1650 Meter, das wir über den Zapfensteig erreichen. Zuvor jedoch machen wir einen Abstecher zur Gsengalm auf 1447 m und kehren dort auf eine Käsejause ein. Anschließend gehen wir von der Alm in südlicher Richtung zum Berliner Kreuz und von dort weiter zur Gwechenberghütte. So verlockend der Gipfelanstieg zum Schober auch sein mag, der Abstecher zum 1810 Meter hohen Gipfel empfiehlt sich nur mit absoluter Trittsicherheit und Schwindelfreiheit. Von da an entspricht der Rückweg dem Hinweg.

Herzlich willkommen auf unserer gemütlichen Almhütte im Tennengebirge. Auf der Alm werden Käse und Topfen hergestellt und hofeigene Produkte wie Speck, Käse, Brot, Krapfen und Schnaps angeboten. Die auf 1447 Meter liegende Alm dient auch als idealer Ausgangspunkt für Touren im Tennengebirge, wie zu Schober, Traunstein und Tagweide. Übernachtsmöglichkeit für 25 Personen im Lager vorhanden. Geöffnet von Anfang Juni bis Anfang Oktober.

Gsengalm, 5441 Abtenau, Tel. 0664/35 75 153
julinde.posch@hotmail.com

39

Rundweg von Annaberg über Braunötzhof

Von Bauernhöfen umgeben

- **Tourcharakter:** Halbtagesausflug
- **Ausgangs- und Endpunkt:** Annaberg bei der Kirche
- **Weglänge:** 11 km
- **Gesamtdauer:** 3,5 h
- **Höhenunterschied:** 200 hm
- **Besonderheit:** Denkmalhof Gererhof

In der Talsohle ist der Raum neben Lammer und Straße ziemlich begrenzt, sodass sich die Ansiedlung der Höfe auf den Plateaus wie von selbst ergeben hat. Wie unterschiedlich Bauernhöfe trotz der einheitlichen Erfordernisse an eine bestimmte Gebäudestruktur gestaltet sein können, lässt sich auf der Wanderung durch die Gemarkungen Braunötzhof und Klockau sehr anschaulich erfahren. Dass dabei ein 400 Jahre alter stattlicher Hof – allerdings in musealer Ausführung – den Anfang macht, ist beileibe kein Zufall. Beim Museumshof Gerergut fallen die bearbeiteten Tuffsteinlaibungen der Fenster und Türen besonders ins Auge. Eine Besonderheit im Inneren des Bauernhauses ist die im Original erhaltene Rauchkuchl aus dem Jahr 1609.

Wir gehen von der Annaberger Kirche ein kurzes Stück auf einem Wanderweg in nördlicher Richtung, bis wir zum Gererhof kommen. Bei diesem Denkmalhof, in dem auch das Heimatmuseum untergebracht ist, handelt es sich um ein für das Lammertal typisches Anwesen aus dem 16. Jahrhundert, das für die damaligen wirtschaftlichen Verhältnisse der Gegend beinahe herrschaftlich gestaltet war. Nach dem Heimatmuseum biegen wir rechts in einen Fahrweg ein, von dem wir ein paar Hundert Meter später auf einen schmalen Wanderweg abzweigen, der über einige Serpentinen auf eine sich weitende Hochfläche auf etwa 1000 Meter Seehöhe führt. Bei der Weggabelung halten wir uns rechts und orientieren uns an der Wegmarkierung 51, was übrigens für die gesamte Wanderung gilt. Am östlichen Rand des Hochplateaus kommen wir schließlich zum Teufelsgraben, in dem wir links abbiegen und in östlicher Richtung zur Gemarkung Klockau kommen. Im Weiteren führt uns der Rundweg über Serpentinen nach Süden durch die Ortschaft Braunötzhof, die aus einer Reihe von schönen, verstreut liegenden bäuerlichen Anwesen besteht. Eines davon ist das Winterstellgut, das Dietrich Mateschitz vor einigen Jahren erworben und großzügig ausgebaut hat. In dieser Raststation für Gourmets kommen die traditionellen Gerichte der Region in raffinierter Form auf den Tisch. Für den

Rückweg vom Winterstellgut wählen wir die westliche Variante, die uns zur Hauptstraße führt. Die kurze Strecke bis zum Heimatmuseum gehen wir an der B 166 entlang. Vom Gererhof bis zur Kirche, dem Ausgangspunkt unserer Tour, nehmen wir wieder denselben Wanderweg wie beim Hingehen.

Das Winterstellgut steht für herzliche Gastfreundschaft in bester Salzburger Tradition. Der von Grund auf restaurierte und mit viel Liebe zum Detail ausgestattete Gasthof lädt zum Einkehren und Übernachten ein. In der Küche werden regionale Produkte zu außergewöhnlichen Speisen veredelt, der Weinkeller trägt eine betont österreichische Note und in den 5 Zimmern lässt es sich mehr als kommod wohnen. Tischreservierung wird empfohlen.

Winterstellgut, Braunötzhof 4, 5524 Annaberg
Tel. 06463/60 078-0
willkommen@winterstellgut.at, www.winterstellgut.at

Mit dem Wissen um die bleierne Schwere, die die aktuellen Diskussionen um die Frage bestimmen, inwieweit zukunftsweisende Architektur auf Bestehendes Rücksicht nehmen darf, soll oder muss, mutet es fast exotisch an, mit welcher Lakonie und Selbstverständlichkeit in früheren Jahrhunderten über Bauten wie über Einrichtungen verfügt wurde. Am Übergang von der Gotik zum Barock ist dies besonders auffällig, als die filigranen, aus Holz geschnitzten und häufig aus mehreren Tafeln bestehenden himmelwärts strebenden Kunstwerke einem barocken Prunkaltar zu weichen hatten. Eine von diesen vielen Geschichten des Verschwindens erzählt der spätgotische Altar aus der Abtenauer Pfarrkirche, dessen „Reste" zwischen dem Belvedere in Wien, dem Erzstift St. Peter, dem Salzburg Museum und der Kirche in Abtenau verteilt wurden.

Der Abtenauer Pfarrer P. Gregor Schulz beklagte sich 1674 per Brief im Kloster St. Peter über die „große Ungestalt" des gotischen Flügelaltars, weil er für seine Kirche auch einen neuen, barocken und vor allem strahlenden Altar haben wollte, wie er es in den Kirchen der Orte im Salzachtal gesehen haben mag. Die wirtschaftlich besser gestellten Pfarren entlang der Salzach hatten eher eine Möglichkeit, auf barock umzudekorieren. Der Bettelbrief hatte Erfolg, zehn Jahre später strahlte auch in der Abtenauer Pfarrkirche ein neuer Altar, der von dem Halleiner Bildhauer Andreas Lackner geschaffen wurde. Wenige Jahre später gab es auch neue Seitenaltäre.

Als zu Beginn des 12. Jahrhunderts angefangen wurde, das Tal am Fluss der Lamara, das heutige Lammertal, zu roden, kam es zu einer Aufteilung, die die seinerzeitigen Machtverhältnisse widerspiegelte. 1124 wurde von Erzbischof Konrad I. das linke

Lammerufer von der Engelhartsbrücke bis Tuftholz und Quehenberg an das Stift St. Peter übergeben, während das rechte Ufer von der Engelhartsbrücke bis Wallingwinkel dem Domkapitel zugestanden wurde. Bis heute gehört der gesamte denkmalgeschützte Pfarrbezirk Abtenaus mit Kirche, Marienkapelle, Pfarrhof, Friedhof sowie Wirtschafts- und Nebengebäuden zum Kloster St. Peter. Deshalb wird der in „Ungnade" gefallene Altar auch irgendwann einmal von Abtenau nach Salzburg ins Kloster transportiert worden sein.

Jahrhunderte später führten die Bemühungen des Stifts St. Peter um eine Wiederaufnahme eines universitären Lehrbetriebs in Salzburg nach dem Ersten Weltkrieg zur Gründung des Studienkollegs St. Benedikt. Nicht zuletzt auch wegen der damaligen Weltwirtschaftskrise geriet die wirtschaftliche Basis des Klosters in erhebliche Turbulenzen. Um das Kloster vor dem finanziellen Ruin zu retten, wurden die wertvollsten Exponate aus der Bibliothek, der Schatzkammer und aus der Kunstsammlung verkauft. In diesem Zusammenhang gelangten die drei Bischöfe „Rupert, Blasius und Maximilian" 1936 an das Kunsthistorische Museum in Wien, von wo sie 1953 ins Wiener Belvedere kamen. Vier Flügeltafeln sind heute noch im Besitz von St. Peter, eine ist im Salzburg Museum aufbewahrt, und die zwei Schreinwächter-Figuren der Heiligen Florian und Georg sind in Abtenau verblieben.

Nachdem die Abtenauer Bischöfe restauriert worden waren, wurde der Altar für eine vorübergehende Ausstellung in der Prunksammlung im Unteren Belvedere wieder zusammengeführt. In der Expertise dazu heißt es: „Die aus Lindenholz geschnitzten Figuren beeindrucken durch ihren porträthaften Ausdruck und das Kurvenspiel der vergoldeten und reich

verzierten Ornate." Obwohl weder von Andreas Lackner noch von dem wahrscheinlich aus Mondsee stammenden Pockhsperger, der für die Malereien verantwortlich zeichnete, andere Arbeiten bekannt sind, wird die Figurengruppe wegen der „überbordenden Gewandfülle" dem charakteristischen Stil der Schule des Landshuter Meisters Hans Leinberger und damit einer bedeutenden Schule des süddeutschen Raums zugerechnet.

Ein Korallenriff als Grenzstein

Rund um den Gosaukamm

Der Gosaukamm wird immer eher dem Salzkammergut zugerechnet als dem Tennengau und führt in gewisser Weise ein
Schattendasein unter den Gebirgszügen, die das Land Salzburg prägen. Die Hohen wie die Niederen Tauern sind schnell
zugeordnet, ebenso die Grasberge, auch Schieferalpen genannt, die sich den Tauern gegenüber auf der anderen Salz-
ach- bzw. Ennsseite von Westen nach Osten ziehen. Auch die
Stöcke der Kalkhochalpen wie Hochkönig, Steinernes Meer,
Berchtesgadener Alpen sowie das Tennen- und Hagengebirge
haben einen festen Platz im geografischen Bewusstsein. Schon
etwas verhalten kommt die Antwort auf die Frage nach der Osterhorngruppe und danach, welche Berge sie umfasst und in
welche Richtung sie sich erstreckt. Auf Unsicherheit trifft die
Frage, aus welchem Gestein der Gebirgszug mit dem Namen
Osterhorngruppe denn bestehe. Zugegeben, es handelt sich
dabei keineswegs um eine repräsentative Umfrage, sondern
um Zufallsbefunde, die sich im persönlichen Gespräch mit
Wanderern ergeben, die durchaus Interesse für die Besonder-
heiten der Landschaft aufbringen, in der sie jeweils unterwegs

sind. Dass auch die Berge der Osterhorngruppe zu den Kalkalpen zählen, halt nur nicht zu den Kalkhochalpen, wird zwar zur Kenntnis genommen, aber doch mit einem Hauch von Skepsis quittiert.

Auf die Frage nach dem Gosaukamm kommt in vielen Fällen betretenes Schweigen, gefolgt von der zögerlichen Antwort: Der gehört doch zum Salzkammergut. Richtig, das ist aber nur die Hälfte der Antwort, denn die westliche Seite dieses versteinerten Korallenriffs steht auf Tennengauer Boden und gehört damit zum Land Salzburg. Verbunden ist der Gosaukamm, der etwa in der Mitte der Nord-Süd-Ausrichtung zwischen Rußbach und Filzmoos liegt, zwar mit dem Dachstein-Massiv, jedoch unterscheiden sich die beiden Gebirgsstöcke in ihrer Gesteinszusammensetzung. Während der sogenannte Dachsteinkalk in der Hauptsache aus gebanktem Kalk besteht, ist der Gosaukamm nichts anderes als ein versteinertes Korallenriff. Nun liegen aber weder Rußbach noch Annaberg in der Karibik, was die Entstehung eines mächtigen Korallenriffs erklären würde. Heute zwar nicht mehr, aber seinerzeit, als sich die Riffe gebildet haben, lag der Gosaukamm irgendwo im südlichen, tropischen Urmeer, Tethys genannt, was die Riffbildung überhaupt erst ermöglicht hat. Durch Faltungen und Verschiebungen im Lauf von Millionen Jahren ist er dann an seinem heutigen Standort angekommen, wo er durch die ausgeprägten Zacken und Spitzen aber auch durch mächtige Felsstürze Furore macht. Anders als in den Gebirgsgauen stehen die Bergzüge im Außergebirg nicht so intensiv im Mittelpunkt der Wahrnehmung, entsprechend gering sind sie dementsprechend auch im Bewusstsein verankert.

40

Auf dem Hornspitz

Weltmeister in Sachen Aussicht

- **Tourcharakter:** Halbtagesausflug
- **Ausgangs- und Endpunkt:** Talstation Hornbahn, Rußbach
- **Weglänge:** 5 km
- **Gesamtdauer:** 3 h
- **Höhenunterschied:** 600 hm, wenn der Abstieg zu Fuß erfolgt
- **Besonderheit:** Auch für Kinderwagen geeignet

Der 1434 Meter hohe Hornspitz in Rußbach wird als der große Alleskönner in Sachen Familienausflug in den nördlichen Gosaukamm beschrieben. Für die Kinder wurde „Brunos Bergwelt" geschaffen, und ein Bummelzug fährt von der Bergstation zur Edtalm. Für Pflanzenliebhaber wurde ein Steingarten mit Alpenblumen und -kräutern angelegt, und wer der Aussicht wegen auf die Berge geht oder fährt, läuft auf dem Hornspitz Gefahr, vor lauter „Mega"-Aussicht schier „narrisch" zu werden. Fangen wir mit dem Süden an: Wir erkennen in der Ferne die Gipfel der Hohen und Niederen Tauern und etwas näher Angerstein, Gerzkopf und Frommerkogel. Im Westen erhebt sich die Welle des Tennengebirges und nördlich davon sehen wir den Hohen Göll und den Untersberg. Von Norden leuchtet das Gamsfeld herüber ebenso wie der Große und Kleine Brettkogel. Geht der Blick weiter nach Nordosten, ist das Tote Gebirge zu erkennen, und östlich vor uns baut sich das Dachstein-Massiv auf. Allein für diesen Blick lohnt sich die Fahrt auf den Familienberg. Allerdings kommt vor der Kür die Pflicht, denn man muss sich rechtzeitig über die Betriebszeiten der Hornbahn informieren. Ein spontaner Entschluss kann in großer Enttäuschung enden, denn die Betriebszeiten im Sommer sind spärlich und können sich wochenweise auf einen Tag beschränken. Ansonsten lautet die Devise: „Familie, Marsch!"

Von der Bergstation aus fährt der „Ameisenexpress" zur Edtalm, dessen Fahrzeiten an die der Seilbahn gekoppelt sind. Wer doch lieber zu Fuß geht, findet östlich der Fahrstraße einen Wanderweg, der direkt zu der auf 1338 Meter liegenden Edtalm führt. Auf dem Rückweg locken dann die einzelnen Stationen von „Brunos Bergwelt" wie der Hochsitz, die Riesenameise und Bruno, der Bär, höchstpersönlich. In jedem Fall sollte die Aufmerksamkeit auch dem alpinen Kräuter- und Blumengarten geschenkt werden. Wer die Reise ins Tal zu Fuß antritt, den erwartet auf dem ersten Drittel ein eher steiler Abstieg parallel zur Trasse der Seilbahn. Danach geht es auf einem Forstweg gemächlich weiter bis ins Tal.

41

Über den Ameisensee zur Edtalm

Wandern im klassischen Sinn

- **Tourcharakter:** Tagestour
- **Ausgangs- und Endpunkt:** Kirche in Rußbach
- **Weglänge:** 19 km
- **Gesamtdauer:** 6 h
- **Höhenunterschied:** 550 hm
- **Besonderheit:** 360 Grad Panoramablick

Im Haus oder im Garten sind sie nicht sonderlich willkommen. Im Wald aber leisten sie dem Ökosystem unschätzbare Dienste. Die Rede ist von den Ameisen, insbesondere von der Roten Waldameise (botanisch: *formica rufa*), deren Bauten wir an Wegrändern und in Waldlichtungen begegnen. Ameisenhügel können selbst in unseren Breiten Ausmaße bis zu mehreren Metern haben. Dabei geht der Bau nicht nur in die Höhe, sondern auch in die Tiefe. Dies ist wichtig, um unterschiedliche Temperaturstufen zu erreichen, die für die Ausbildung und das Wachstum der Bewohner unerlässlich sind. Die Standortwahl eines Ameisenhügels hängt von unterschiedlichen Faktoren ab, ein wichtiger davon ist die Sonneneinstrahlung. Sie darf nicht zu stark sein und das Licht sollte schräg einfallen. Baumstümpfe in Waldlichtungen sind ein optimaler Bauplatz für diese Wunderwerke der Natur. Welch wichtige Rolle die Rote Waldameise für das intakte Ökosystem eines Waldes hat, lässt sich schon daran ermessen, dass im Umfeld eines Hügels pro Tag bis zu 10 000

Schädlinge vertilgt werden. Andererseits gelten die Ameisen auch als Futtergrundlage für im Wald lebende Vögel. Und auch bei der Samenverbreitung und Belüftung des Waldbodens spielen sie eine maßgebliche Rolle. Die Schutzbestimmungen der Roten Waldameise sind uneinheitlich. Regional können sie als vom Aussterben bedrohte Tiere gelten. Die Säure der Ameisen hat übrigens dieselbe Wirkung wie die Haare der Brennnessel, handelt es sich doch auch um dieselbe Säure. Nicht zuletzt darf beim Betrachten eines Ameisenhügels durchaus ein wenig Ehrfurcht vor dem Wunder Natur Platz greifen.

Wir starten mitten in Rußbach und gehen von der Kirche auf der alten Bundesstraße in Richtung Westen, bis wir die Ortschaft Erlbach erreichen, wo wir die Straßenseite wechseln und links in den Elendgraben einbiegen. Auf dem Knabl-Güterweg geht es zuerst einmal am Bach entlang aufwärts, bis der Weg etwa auf der Höhe von 1000 Metern einen Knick nach rechts macht. Etwa eineinhalb Kilometer wandern wir nun in westlicher Richtung, bis wir zum Klausgraben kommen, den Bach überqueren und dann nach links in den Weg Nr. 24 einbiegen. 200 Höhenmeter später und nachdem wir die linke Seite des Buchbergriedels passiert haben, biegen wir an der nächsten Kreuzung links ab und kommen auf halbem Weg zur Edtalm am Ameisensee, der auf 1185 Meter liegt, vorbei. Angeblich leitet sich der Name des Sees tatsächlich von den hier häufiger als sonst anzutreffenden Ameisenhügeln ab. Je nach Jahreszeit und Wasserstand des kleinen Sees sind im Wasser Amphibien und in der Luft darüber die zarten Libellen zu beobachten. Auf der Edtalm haben wir die erste Etappe, sprich den Aufstieg, geschafft. Zurück geht es dann zuerst in nördlicher Richtung über den schmalen Steig neben der Fahrstraße, auf der der Bummelzug unterwegs ist, bis zum Hornspitz. Dort genießen wir das 360-Grad-Panorama zwischen Totem Gebirge, Dachstein, Gosaukamm, Niederen und Hohen Tauern, Tennen- und Hagengebirge, Untersberg und Osterhorngruppe. Der Abstieg ins Tal verläuft parallel zur Trasse der Seilbahn, wobei das erste Drittel ziemlich steil ist.

42

Umrundung des Gosaukamms

Korallenriff aus dem Urmeer

- **Tourcharakter:** Zweitagestour
- **Ausgangs- und Endpunkt:** Talstation der Gosaukammbahn, Gosau
- **Weglänge:** 15 km
- **Gesamtdauer:** 10 h
- **Höhenunterschied:** 500 hm
- **Besonderheit:** Almlandschaft wechselt mit Steinfeldern

Angesichts der schroffen Silhouette des Gosaukamms samt der erhabenen Bischofsmütze im Südosten des Massivs reibt man sich die Augen, denn die Westseite dieses zwar nicht so großen, aber umso eindrucksvolleren Massivs gehört zum Tennengau – und der wiederum zum Land außer Gebirg und damit zum „flachen" Land. Wie das von seiner Struktur her generell besser zum Pongau als zum Tennengau passen würde. Eine Erklärung ist schnell zur Hand. Das Lammertal war bis zum Beginn des 19. Jahrhunderts ein integraler Bestandteil des Pongaus. Die Abtrennung betraf jedoch nur den nördlichen Teil. Das südliche Lammertal mit der Gemeinde St. Martin am Tennengebirge ist beim Pongau verblieben. Allzu viel Bedeutung sollte den Grenzziehungen aber auch nicht beigemessen werden, zumal sie höchstens von lokaler oder regionaler Bedeutung sind. Jedenfalls – und das ist schon eine alte Geschichte – bildet der Kamm der Bischofsmütze die Grenze zwischen den Gemeinden Filzmoos auf Pongauer und Annaberg-Lungötz auf Tennengauer Seite, während der Gosaukamm insgesamt die Grenze zwischen dem Land Salzburg und Oberösterreich markiert.

Wie aus historischen Aufzeichnungen ersichtlich ist, hieß die Bischofsmütze bis vor etwa 150 Jahren auch Großer Zürning. Wenn der Name Zürning von Zorn abzuleiten ist, könnte die Entstehung seinen Grund darin haben, dass es auch schon vor dem 22. September 1993 zu Felsstürzen gekommen ist. Der Berg ist zornig und zeigt dies auch deutlich. Der tatsächliche Grund für den großen Felssturz liegt jedenfalls in der Fragilität des Gesteins, handelt es sich doch mehr oder weniger um nichts anderes als ein riesengroßes Korallenriff, das in der Zeit der Tethys, jenes Urmeeres, das vor mehreren Hundert Millionen Jahren die Gegend prägte, entstanden ist. Der unverwechselbaren Form nach trifft freilich auch der Name Bischofsmütze ins Schwarze. Wie die Mitra zu den Pontifikalien zählt, die in der Kirche ausschließlich dem Bischof oder anderen hohen Würdenträgern zustehen, so strahlt auch der Berg etwas Erhabenes aus. Und dass sie seinerzeit eine Wächterfunktion über das

Fürsterzbistum gegenüber dem habsburgischen Nachbarn im Osten zugeschrieben bekommen hatte, liegt auf der Hand.

Es ist eine Frage des persönlichen Geschmacks, wie man die Gosaukamm-Umrundung anlegt, wo man beginnt und wo man das Unternehmen – etwas ermüdet – zu Ende gehen lässt. Wer es nicht gewohnt ist, Bergtouren um vier Uhr früh zu beginnen und den Aufenthalt auf der Hütte auf die Mindestzeit zu beschränken, sollte sich für diese faszinierende Tour zwei Tage Zeit nehmen. Es gibt zwischendurch so viel zu schauen und zu bestaunen, dass es schade wäre, wenn dies die knapp bemessene Zeit nicht zuließe.

Tag 1

Wir fahren mit der Gosaukammbahn bis zur Bergstation und steigen anschließend zur Gablonzer Hütte hinauf und weiter zum oberen Törlecksattel. Von da an geht es in südlicher Richtung weiter, und zuerst einmal ein Stück abwärts. Vor allem der Abschnitt bis zur Stuhlalm ist ein ziemliches Auf und Ab. Ein Brunnen markiert das Ende des Abstiegs. Anschließend geht es noch ein kurzes Stück durch den Wald, ehe wir an den westlichen Abhängen des Kleinen und Großen Donnerkogel den Steig über Steine und Geröll absolvieren, der je nach Kondition bis zu einer Stunde Gehzeit verschlingen kann. Weniger anstrengend ist dann die Fortsetzung des Weges, der zuerst noch ein Stück durch den Wald und anschließend über Almgelände führt. Sobald die Bischofsmütze in Sicht und fast in Greifnähe ist, spielt das Verhältnis zwischen Energieaufwand und geleisteten Metern ohnedies nur mehr eine untergeordnete Rolle. Ihr imposanter Eindruck begleitet uns auf den letzten Metern bis zur Stuhlalm, die auf 1467 Meter und ungefähr auf dem halben Weg unserer Tagesetappe liegt. Nach der Alm geht es in südlicher Richtung zuerst nur gering ansteigend weiter. Bis wir die Durchgangscharte erreicht haben, gilt es dann aber doch noch insgesamt 300 Höhenmeter zu überwinden. Danach lässt sich der Weg bis zur Hofpürglhütte in etwa einer Stunde schaffen.

Tag 2

Der erste Abschnitt der Tour am nächsten Morgen führt uns von der Hofpürglhütte an den Südostabhängen des Mosermandl vorbei, hinauf zum Steiglpass, der höchsten Stelle unserer Umrundung des Gosaukamms. Was die Höhenmeter betrifft, zeigt sich dieser Abschnitt durchaus herausfordernd. Das war es dann aber auch schon mit den Anstiegen. Mittlerweile haben wir auch die Landesgrenze zwischen Salzburg und Oberösterreich überschritten. Vom Steiglpass geht es in die Eisgrube hinunter und anschließend kommen wir am 2322 Meter hohen Däumling vorbei, der als einer der Favoriten unter den Kletterbergen im Gosaukamm gilt. Nach dem Gabelkogel auf der rechten Seite weitet sich der Blick ins Tal und auf den Gosausee. Bei einer kleinen Kapelle fallen uns links und rechts des Weges Erinnerungstafeln an verunglückte Bergsteiger auf. Nach der Scharwandhütte tauchen wir in den Nadelwald ein und haben bis zum Ausgangspunkt unserer Tour noch eine gute Stunde vor uns und zwei Kare zu durchqueren.

43

Mit dem Rad auf die Stuhlalm

Wo Marcel Hirscher die Sommer
seiner Kindheit verbrachte

- **Tourcharakter:** Halbtagestour – Radtour 🚲
- **Ausgangs- und Endpunkt:** Heimatmuseum in Annaberg
- **Weglänge:** 30 km
- **Gesamtdauer:** 3 h
- **Höhenunterschied:** 700 hm
- **Besonderheit:** Die Bischofsmütze im Visier

Um der Bischofsmütze nahe zu kommen, gibt es mehrere Wege. Ganz nahe kommen ihr ohnedies nur geübte und couragierte Kletterer. Einer der Wege führt von Annaberg auf die Stuhlalm, und dieser eignet sich ausgezeichnet für eine Tour mit dem Mountainbike. Unten die enge Talsohle, auf der anderen Flussseite die Nordostflanken des Tennengebirges, vis à vis die Geröllhalden an den Abhängen des Gosaukamms und dazwischen Wiesen, Wälder und Almen – vielfältiger kann Radeln kaum sein. Der ÖSV-Star Marcel Hirscher verbrachte hier viele Sommer seiner Kindheit, wie er gerne erzählt, da sein Vater die Stuhlalm über eine längere Zeit gepachtet hatte.

Wir starten hinter dem Heimatmuseum bei der Hagenmühle und radeln in südöstlicher Richtung das Rauchenbachtal einwärts. Nach diesem eher gemächlichen Abschnitt geht es ab dem Ebnerlehen schon etwas heftiger zur Sache, immerhin sind auf der Forststraße knapp 500 Höhenmeter über mehr als eine Handvoll Kehren zu überwinden. Die letzte Etappe führt über einen anspruchsvollen Almweg. Der Rückweg geht wie der Hinweg von der Stuhlalm über die Serpentinen bis zum Ebnerlehen. Danach biegen wir scharf links ab und radeln zuerst in südlicher und anschließend in südwestlicher Richtung über die Wege Nr. 55 und 57 b ohne großes Gefälle bis Neuhaus, wo wir rechts ins Neubachtal einbiegen und talauswärts bis Lungötz fahren. Auf der B 166 geht es abschließend zu unserem Ausgangspunkt beim Heimatmuseum in Annaberg zurück.

44

Mandlkogel

Spitzenbesuch auf dem Kamm

- **Tourcharakter:** Halbtagestour
- **Ausgangs- und Endpunkt:** Annaberg, Parkplatz Pommer
- **Weglänge:** 11 km
- **Gesamtdauer:** 5 h
- **Höhenunterschied:** 1250 hm
- **Besonderheit:** Trittsicherheit unbedingt erforderlich

Im Prinzip bleiben die schroffen Spitzen und Kämme des Gosaukamms für Bergwanderer unzugänglich. Hier sind, wenn überhaupt, Kletterer anzutreffen. Wer jedoch von dem Wunsch beseelt ist, auch einmal auf einem Gipfel dieses eindrucksvollen Kamms zu stehen, nimmt es am besten mit dem 2269 Meter hohen Mandlkogel, auch „Mannlkogel" genannt, auf. Dass hier eher die Kletterer zu Hause sind, und das schon lange, dafür lieferte vor 100 Jahren Paul Preuß, damals einer der weltweit besten Kletterer, den tragischen Beweis. Beim Versuch, über die Nordwand auf den Mandlkogel zu klettern, kam der Pionier des Freihandkletterns im Oktober 1913 ums Leben.

Wir beginnen mit dem Aufstieg beim Parkplatz Pommer, der über die Abzweigung von der Bundesstraße nördlich des Heimatmuseums in Annaberg zu erreichen ist. Vom Parkplatz wandern wir über ein halbes Dutzend Kehren zur Stuhlalm, die auf 1467 Meter liegt. Schräg hinter der Alm geht es rechter Hand anfangs über knapp 100 Höhenmeter hinauf bis zur Mooseben, einem flachen Sattel, wo wir an einer Jagdhütte vorbeikommen. Nach dieser halten wir uns links und steigen über einen mit Latschen bewachsenen Hang bergwärts. Dieser Steig führt uns auf 1660 Meter schließlich zu einer Weggabelung. Während es linker Hand zum Angerstein geht, halten wir uns rechts und kommen dabei in die Gamsfeldklamm und über viel Geröll am rechten Rand der Angersteinrinne zwischen Glatscherofenkogel und Zahringkogel hinauf zum 2269 Meter hohen Gipfel des Mittleren Mandlkogel. Von der Weggabelung bis zum Gipfel hinauf geht es bis auf ein paar kurze Ausnahmen zumeist über Geröllfelder und durch Rinnen. Man muss sich darauf einstellen, dass der Weg über viel loses Gestein führt und dass auch die eine oder andere ausgesetzte Stelle zu passieren ist. Der Lohn für die Mühen ist ein faszinierender Panoramablick hin zum Dachstein, von dort weiter westlich zum Tennengebirge und zum Hochkönig. Die Hohen Tauern werden den staunenden Augen vom Großen Hafner bis zum Großvenediger präsentiert. Der Abstieg entspricht dem Aufstieg.

Zwischen Lungötz und Gerzkopf

Wandern und Entdecken

- **Tourcharakter:** Leichte Tagestour
- **Ausgangs- und Endpunkt:** Lungötz, Wieseralm
- **Weglänge:** 14 km
- **Gesamtdauer:** 5 h
- **Höhenunterschied:** 650 hm
- **Besonderheit:** Landschaftsschutzgebiet Gerzkopf

Als „schwarze Lacken" wurden früher stehende Gewässer bezeichnet, die anders als klare Bergseen unergründlich zu sein schienen. Da diese Gewässer zumeist in moorigen Gebieten liegen, haftete ihnen zusätzlich etwas Geheimnisvolles an. Außerdem ranken sich um Moorgebiete zahlreiche Geschichten und Legenden, denn solche Böden, halb Wasser, halb Erde, wurden als Zwischenreich empfunden und als Gefahr, denn wo sich die Erde öffnet, ist die Gefahr zu verschwinden groß. Solche Gegenden wurden in der Regel gemieden, was den großen Vorteil hat, dass in Flora und Fauna nur selten eingegriffen wurde. Auch das Europaschutzgebiet Gerzkopf in den Fritztaler Bergen an der Grenze zwischen Tennengau und Pongau zählt zu diesen raren Biotopen. Hier konnten sich Tiere und Pflanzen fast ohne Einwirkung durch den Menschen über Jahrhunderte hinweg entwickeln, was zu einer riesigen Artenvielfalt geführt hat. Neben verschiedenen Seggenarten gedeihen hier vermehrt auch Beerensorten wie die Rauschbeere und die Krähenbeere. Birkhahn, Kleiber, Haselhuhn, Mäusebussard, Gebirgs- und Bachstelze und viele andere Vögel sind hier ebenso zu Hause wie Rot- und Rehwild.

Der Ausgangspunkt dieser Tour liegt bei der Wieseralm im Neubachtal, die wir mit dem Auto von Lungötz aus erreichen. Von dort geht es den Neubach entlang taleinwärts, zuerst in östlicher, später in südöstlicher Richtung, bis wir schließlich bei der Arzbergalm ankommen. Dort verlassen wir den Weg Nr. 59, biegen scharf rechts ab und gehen auf der nördlichen Seite des Lienköpfls bis zum Langeggsattel. Über den Grat zieht sich auch die Bezirksgrenze zwischen Tennengau und Pongau. Vom Langeggsattel, der auf 1313 Meter liegt, erreichen wir nach etwa 3 Kilometern und 250 Höhenmetern die Gsengplatte und kurz darauf das Landschaftsschutzgebiet Gerzkopf mit der Schwarzen Lacke. Über den nördlich davon gelegenen Gerzkopf mit 1728 Metern gehen wir in nordwestlicher Richtung auf Vordersbach zu, wo sich der Weg gabelt und wir uns rechts halten. Am Oberbordhof vorbei, kommen wir über Sommerau zur Wieseralm, dem Ausgangspunkt der Tour, zurück.

Diesem Mann war es keinesfalls in die Wiege gelegt, als einer der Urväter des Kletterns internationale Berggeschichte zu schreiben. Mit seinem puristischen Ansatz, Haken und Seil nur in Ausnahmefällen und als lebenssichernde Maßnahmen zu verwenden, hatte er sich nicht nur Freunde geschaffen. Vor allem der fast gleichaltrige Hans Dülfer aus München vereinte unter seiner Führung eine Schar von Gegnern. Dafür hatte Paul Preuß Jahrzehnte später in Reinhold Messner einen großen Bewunderer, der in einem seiner Bücher über ihn schrieb: „Kein anderer Alpinist hat für unser Tun eine größere Bedeutung als Preuß". Wenn die Messner-Brüder in den 1960er-Jahren, um die Zeit, als Preuß wiederentdeckt wurde, in die Berge stiegen, hatten sie meist einen Gummischlauch, das sogenannte Preuß-Röhrl dabei, um Wasser aus den Felsritzen zu saugen. Aber wer war dieser Paul Preuß?

Während der Sommerfrische 1886 wurde Paul Preuß am 19. August in Bad Aussee geboren. Der Vater war ungarischer Musikprofessor jüdischer Abstammung, die Mutter Französin. Die Familie lebte in Wien und wie so viele andere verbrachte sie den Sommer im Salzkammergut. Nachdem der kleine Paul mit sechs Jahren an Kinderlähmung erkrankt war, standen ausgedehnte Spaziergänge und viel Gymnastik auf dem Genesungsplan. Als er merkte, dass Kraft und Geschicklichkeit wieder zurückkamen, fing er Feuer und setzte das Training fort. Mit elf Jahren schließlich begann er mit dem Bergsteigen. Vor allem kraxelte er auf die Berge des Salzkammerguts, hielt sich an die Vorbilder der Einheimischen, suchte Kräuter und Pflanzen und übte die Trittsicherheit. Nach der Matura studierte er an der Universität Wien Biologie und promovierte in München im Fach Pflanzenphysiologie.

Der elegante Kletterer – er stieg in Tracht und mit jahreszeit-
lich abgestimmten Seidenkrawatten in den Felsen – führte ein
Bergtagebuch, in das bis zu seinem frühen Tod am 3. Oktober
1913 insgesamt 1200 Erstbegehungen, davon 300 im Allein-
gang, eingetragen werden konnten. Darunter waren so kühne
Unternehmungen wie die Erstbegehung der Guglia di Brenta
oder der Nordwand des Cozzo di Brenta. Allein im Juni 1911
weisen die Eintragungen etwa 20 Touren in den Stubaier Alpen und noch einmal so viele einige Wochen später in den
Bergen des Rosengartens auf. Den 800 Meter hohen, tief ein-
geschnittenen Spalt der Griesnerschlucht im Wilden Kaiser
überwand er als erster allein und ohne Seil und Haken. Dabei hatte er es mit glatten Kaminen, brüchigen Passagen sowie nassem und moosigem Fels zu tun. Alexander Hartwich
beschrieb in einem Beitrag die Schilderung von Preuß, wor-
auf es beim Freihandklettern ankommt. Erst nach Prüfung der

Festigkeit der vier Stützpunkte des Körpers – zwei Hände und zwei Füße – gilt es, nur einen davon zu bewegen, um einen neuen Griff oder einen neuen Standpunkt zu finden. Daher rührt wohl auch die Beschreibung seines Kletterstils, der am ehesten mit Tanzen zu vergleichen ist, „so schwerelos, so ohne Mühe, so durchaus lustbetont". Für Paul Preuß war das Klettern nach Aussagen von Zeitgenossen wie das Fliegen eines Vogels oder das Schwimmen eines Fisches. Klettern gehörte zu ihm wie das Atmen.

Der Tänzer am Felsen wusste aber genau, was er tat und vertrat seine Thesen mit philosophischer Genauigkeit. „Bergtouren, die man unternimmt", so dozierte er nimmermüde, „soll man nicht gewachsen, sondern überlegen sein." Weithin bekannt wurde er auch wegen des sogenannten Mauerhaken-Streits, wonach dieser nicht mehr als eine Notreserve sei und keinesfalls die Grundlage einer Arbeitsmethode. Der in München lebende und aus Dortmund stammende Hans Dülfer galt dabei als sein stärkster Widersacher. Auch Luis Trenker war ein energischer Gegner des puristischen Kletterstils von Preuß.

Als sich das große Idol der heutigen Freeclimber Anfang Oktober 1913 aufmachte, durch die Nordwand den Mandlkogel im Gosaukamm zu besteigen, um „allein das schönste Problem im Gosaukamm zu lösen", wie er es nannte, konnte keiner ahnen, dass er nicht mehr zurückkehren würde. Erst zehn Tage später fanden ihn Freunde am Fuß der Wand unter einer Schneedecke. Dass die Bedeutung von Paul Preuß erst in den 1960er-Jahren wiederentdeckt wurde, liegt vor allem an seiner jüdischen Herkunft, deretwegen sein Name aus den Büchern des Deutschen wie auch des Oesterreichischen Alpenvereins getilgt wurde.

■ WEITWANDERWEGE

Arnoweg
Der Arnoweg führt an den Grenzen des heutigen Bundeslandes Salzburg entlang und ist nach dem Salzburger Bischof Arn (etwa 740–821 n. Chr.) benannt. In seine Amtszeit fiel die von Kaiser Karl dem Großen verfügte Erhebung Salzburgs zum Erzbistum. Die längste Variante des Weges misst 1200 Kilometer. Im Rupertiwinkel sowie im Gebiet von Großglockner und Sonnblick verlässt er jeweils kurz Salzburger Boden.

In den Tennengau führt der Arnoweg über zwei Routen. Zum einen vom Königsee kommend über das Carl-von-Stahl-Haus durch das Bluntautal bis Golling und von dort über den Hochschaufler und die Truckenthannalm weiter nach Bad Dürrnberg und talwärts nach Hallein. Von Hallein geht es über Kaltenhausen zum Kleinen Barmstein und weiter bis zur Grenze nach Bayern. Die zweite Route führt – vom Pongau kommend – zuerst von Annaberg über den First zur Laufener Hütte und weiter nach Abtenau. Von dort geht es über Oberscheffau und Lammeröfen zum Aubachfall und hinauf zur Hinteren Trattbergalm. Die letzte Etappe auf Tennengauer Boden führt in nordöstlicher Richtung zur Genneralm, von wo aus bald die Grenze zum Flachgau erreicht ist.

St. Rupert Pilgerweg

Dieser Pilgerweg, der den Spuren des Salzburger Landespatrons folgt, wurde von Hermann Hinterhölzl, dem Hüttenwirt des Heinrich-Kiener-Hauses auf dem Hochgründeck ins Leben gerufen und steht unter der Patronanz des Salzburger Erzbischofs. Als Rupert vom Baiernherzog Theodo als Missionar „in die Welt" hinaus geschickt wurde, kam er donauabwärts ins heutige Oberösterreich und wanderte der Traun entlang durch den Attergau, bis er schließlich Seekirchen am Wallersee erreichte, wo er sich für kurze Zeit niederließ. Sein endgültiges Ziel fand er jedoch in Salzburg, wo noch Reste der romanischen Bevölkerung lebten. Sein umfangreiches Schaffen gipfelte im Ausbau des Klosters St. Peter und der Gründung des Frauenklosters auf dem Nonnberg, heute das weltweit älteste ununterbrochen bestehende christliche Frauenkloster, sowie im Bau einer Kirche, auf deren Stelle der heutige Salzburger Dom steht. Der vermutlich 650 n. Chr. in Worms am Rhein geborene und 718 höchstwahrscheinlich auch dort verstorbene Missionar wurde zugleich Salzburgs erster Bischof und erster Abt von St. Peter. Am 24. September 774 wurden seine Gebeine auf Veranlassung von Bischof Virgil in die neu gebaute Basilika in Salzburg überführt. So kam der Rupertitag in den Kalender und Salzburg bekam seinen Landespatron.

Durch den Tennengau führt ein kurzer Abschnitt des insgesamt 110 Kilometer langen Pilgerwegs, der in St. Gilgen beginnt und in Bischofshofen endet. Von Strobl am Wolfgangsee kommend, erreicht der Weg das ausgedehnte Gebiet der Postalm und führt über Rußbach weiter nach Abtenau und von dort über Annaberg-Lungötz nach St. Martin am Tennengebirge, womit er bereits auf Pongauer Boden verläuft.

Leonhardsweg

Die Gründung dieses Pilgerwegs im Jahr 2008 durch die Erzbruderschaft St. Leonhard verfolgte zwei Ziele. Erstens sollte die Tradition der Wallfahrt aufgefrischt werden, zweitens ging es um eine Unterstützung für die umfangreichen Sanierungs- und Renovierungsmaßnahmen der spätgotischen Kirche St. Leonhard bei Tamsweg. Auf diesem Weg legen die Pilger insgesamt eine Strecke von etwa 130 Kilometern zurück.

Der in der Stadt Salzburg beginnende Pilgerweg führt über die Hellbrunner Allee und durch den Schlosspark nach St. Leonhard und von dort weiter zur Königsseeache. Nach der Überquerung beim Brückwirt verläuft der Weg auf Tennengauer Boden weiter. Durch die Rehhofsiedlung geht es nach Hallein und von dort nach Bad Vigaun. Die nächste Etappe verbindet Bad Vigaun mit dem 10 Kilometer entfernten Dorf St. Koloman, das auf einer sehr abwechslungsreichen Strecke den Abhängen der Osterhorngruppe entlang erreicht wird. Etwa auf der Hälfte des Weges der anschließenden Etappe liegt der idyllische Seewaldsee, über dessen nördliches Ufer sich der Weg nach Voglau fortsetzt, von wo es noch 6 Kilometer bis Abtenau sind. Von Abtenau geht es schließlich zur Gsengalm hinauf und über Forstwege talwärts nach Annaberg. Die letzte Tennengauer Etappe des Leonhardwegs führt zur Sulzkaralm auf 1543 Meter. Kurz danach wird die Bezirksgrenze zum Pongau überschritten. Über den Marcheggsattel erreicht man schließlich Filzmoos. Von dort führt der Weg weiter nach Forstau und zum Oberhüttensattel. Auf der Lungauer Seite geht es durch das Weißpriachtal nach Mariapfarr und schließlich nach Tamsweg.

Tauernradweg
Der Ausgangspunkt des Tauernradwegs liegt in Krimml. Ab Zell am See kann er auf zwei Routen befahren werden. Die eine führt als Rundstrecke in die Stadt Salzburg und wieder zurück, wobei sie wahlweise entlang der Salzach oder der Saalach befahren werden kann. Die zweite Variante geht ausschließlich der Salzach entlang und führt über die Mündung in den Inn weiter bis Passau. Der Abschnitt durch den Tennengau führt für beide Varianten vom Pass Lueg über Golling, Kuchl, durch Hallein und weiter bis zur Bezirksgrenze, die an der Königsseeache verläuft.

Donau-Alpen-Adria-Radpilgerweg
Der vom Großgmainer Pfarrer Herbert J. Schmatzberger initiierte Radwanderweg orientiert sich an wichtigen Orten der Marienverehrung in der Region Donau-Alpen-Adria und ist auch als Alpen-Adria-Radweg bekannt. Im Land Salzburg führt der Weg von Maria Bühel bei Oberndorf über die Stadt Salzburg nach Großgmain und von dort über Grödig nach Hallein, wo er bei der Königsseeache in den Tennengau kommt. Über Hallein geht es in südlicher Richtung weiter bis zum Pass Lueg, wo mit der kleinen Wallfahrtskirche Maria Brunneck eine der Stationen auf dem Radpilgerweg steht.

Abkürzungen

hm	Höhenmeter
h	Stunden
⚲	Radwanderung
🔍	Spezialtipp in der Region

Siegfried Hetz

ERLEBNIS
SALZBURGER LAND

Liebe Leserin! Lieber Leser!

Gefällt Ihnen dieses Buch? Ergänzungs-
vorschläge, Wünsche und Kritik nimmt
der Verlag gerne entgegen.

Wenn Sie sich für die weiteren Bände
interessieren, können Sie diese unter
0662 87 35 07-56 oder
buch@spv-verlage.at bestellen.

Band 1: Flachgau
Band 2: Pinzgau
Band 3: Lungau
Band 4: Pongau
Band 5: Tennengau